首都圏版㉒　最新入試に対応！家庭学習に最適の問題集!!

慶應義塾
横浜初等部

2022年度版 過去問題集

<問題集の効果的な使い方>

①お子さまの学習を始める前に、まずは保護者の方が「入試問題」の傾向や、どの程度難しいか把握します。もちろん、すべての「学習のポイント」にも目を通してください

②各分野の学習を先に行い、基礎学力を養いましょう！

③「力が付いてきたら」と思ったら「過去問題」にチャレンジ！

④お子さまの得意・苦手がわかったら、その分野の学習を進め、全体的なレベルアップを図りましょう！

合格のための問題集

慶應義塾横浜初等部

推理	Jr・ウォッチャー7「迷路」
図形	Jr・ウォッチャー10「四方からの観察」
常識	Jr・ウォッチャー27「理科」
運動	新 運動テスト
制作	実践 ゆびさきトレーニング①

2018～2021年度 過去問題を掲載 ＋ 各問題にアドバイス付!!

日本学習図書 ニチガク

ニチガクの家庭学習支援 Web学習サポートサービス

こんなこと…ありませんか？

「ニチガクの問題集…買ったはいいけど、、、
この問題の教え方がわからない（汗）」

メールでお悩み解決します！

- ☆ ホームページ内の専用フォームで必要事項を入力！
- ☆ 教え方に困っているニチガクの問題を教えてください！
- ☆ 確認終了後、具体的な指導方法をメールでご返信！
- ☆ 全国どこでも！ スマホでも！ ぜひご活用ください！

<質問回答例>

学習のポイント

推理分野の学習では、後の学習に活きる思考力を養うことができます。ご家庭で指導する場合にも、テクニックにたよらず、保護者の方が先に基本的な考え方を理解した上で、お子さまによく考えさせることを大切にして指導してください。

Q.「お子さまによく考えさせることを大切にして指導してください」と学習のポイントにありますが、考える習慣をつけさせるためには、具体的にどのようにしたらいいですか？

A. お子さまが考える時間を持てるように、質問の仕方と、タイミングに工夫をしてみてください。
たとえば、「答えはあっているけど、どうやってその答えを見つけたの」「答えは○○なんだけど、どうしてだと思う？」という感じです。はじめのうちは、「必ず 30 秒考えてから手を動かす」などのルールを決める方法もおすすめです。

まずは、ホームページへアクセスしてください!!

http://www.nichigaku.jp　日本学習図書　検索

目指せ！合格！

家庭学習ガイド

慶應義塾横浜初等部

ペーパー　運動　行動観察　制作　口頭試問

入試情報

応募者数：男子 800名　女子 679名　計 1,479名
出題形態：１次試験：ペーパーテスト、２次試験：ノンペーパーテスト
面　　接：なし
出題領域：ペーパー（お話の記憶、図形、推理、常識）、運動、制作

入試対策

2021年度は、前年度より志願者が増え、男子66名・女子42名の募集に1,479名（男子800名・女子679名）が応募しました。これは、首都圏の私立小学校では、慶應義塾幼稚舎に次いで多い志願者数です。試験は2020年度と同様に、１次試験（ペーパーテスト）を通過した志願者が、２次試験（運動・制作）に進む２段階選抜の形式です。１次試験のペーパーテストは「お話の記憶」「図形」「推理」「常識」から出題されました。本校では解答時間が短いことから、問題内容をすぐに理解して解き進めていく必要があります。２次試験は、運動・制作（口頭試問）の順に行われました。２次試験だけ見ると慶應義塾幼稚舎に近い形式です。試験時間は約90分で、男女とも４月生まれから順に１グループ15名前後で行われます。いずれもよく指示を聞くこと、積極的に取り組むことが重要です。面接はありませんが、願書には志望理由とともに、課題図書について保護者の方が感じたことを記載します。2021年度は慶應義塾創立者の福沢諭吉著『福翁百話』、2020年度は元慶應義塾塾長・小泉信三の伝記が課題図書でした。願書の記入方法についても細かな決まりが定められていますので、早くから準備しておいたほうがよいでしょう。

●ペーパーテストそのものは標準的な内容です。ただし、筆記用具に12色のクレヨンを用い、解答の色やマークが問題ごとに指定されますので、指示通りに行わなければ得点になりません。

●制作課題の後に、自分の作った作品について他の受験者に発表します。成果物だけで判定されるわけではないので、しっかり対策しておきましょう。

「慶應義塾横浜初等部」について

＜合格のためのアドバイス＞

当校の募集人数は男子 66 名、女子 42 名の計 108 名です。受験者数は 1,479 名（男子 800 名・女子 679 名）なので、受験者数・倍率ともに首都圏トップクラスの難易度となっています。１次試験のペーパーテストでは、１問の間違いが大きく結果に影響します。各分野の１つひとつについて、慎重かつ徹底的な学習が必要です。ペーパーテスト自体は、小学校受験としてはオーソドックスな内容です。お話の記憶・図形・推理・常識と、各分野からバランスよく出題されているので、さまざまな分野をひと通り理解し、習得している必要があります。また、１問あたりの解答時間が短いことが特徴です。問われていることを素早く理解して解答できることを意識して学習に取り組んでください。

２次試験では、運動と制作の試験が行われました。運動は、模倣体操、ラダーや平均台、ボールなどを使ったサーキット運動です。年齢相応の体力と運動能力があれば問題なく対応できますが、指示やお手本をしっかり見聞きすることが重要です。制作の課題は、セットで行われ、制作したものを発表し合うという形式で行われました。集 団の中でどのように行動するかを観察する試験なので、協調すること、マナーを守ることはもちろん、積極的に楽しみながら取り組みましょう。

制作の課題では、創造力・発想力・表現力も必要ですが、加えて道具や材料をていねいに扱うこと、後片付けをきちんと行うことも観られます。ご家庭ではお子さまの自由な表現を尊重しつつ、ものの扱い方や後片付けなどの態度やマナーについても指導してください。

課題の制作中には先生が巡回し、制作物について「何を描いていますか」「どうしてそれを描こうと思ったのですか」などの質問をします。ここでは作業の手を止めて先生の顔を見ながら、ていねいな言葉で答えられるようにしましょう。また、課題制作後には、お友だちに自分の作品について発表します。しっかりとプレゼンテーションを行うことに加え、ほかのお子さまが発表している時に、しっかり話を聞くことも大切です。

〈2021 年度選考〉

＜１次試験＞

◆ペーパーテスト（お話の記憶・図形・推理・常識）

＜２次試験＞

◆運動

◆制作

◇過去の応募状況

2021 年度 男子 800 名 女子 679 名
2020 年度 男子 772 名 女子 602 名
2019 年度 男子 763 名 女子 636 名

入試のチェックポイント

◇受験番号は…「ランダムに決める」
◇生まれ月の考慮…「あり」

（得）先輩ママたちの声！

◆実際に受験をされた方からのアドバイスです。
ぜひ参考にしてください。

慶應義塾横浜初等部

・出願書類の課題図書は来年も変わる可能性があります。書籍は例年売り切れになるので、電子書籍で読むなど、冷静に対応するのが賢明だと思います。また、過去に課題となった本は読んでおき、福澤先生の考え方をあらかじめよく理解しておく必要があるでしょう。

・出願書類の記入について、細かい書き方のきまりがあるので、コピーして下書きをするなど、慎重に記入する必要があります。入学願書が売り切れることもあります。

・日々の積み重ねと経験が結果につながったと思います。日頃から習い事でスポーツをがんばったり、お友だちと外でたくさん遊ぶなどすることで、最後までがんばる力とコミュニケーション能力が培われたと思います。家庭でもお手伝いをしっかりさせました。また、カブトムシを飼ったり植物を育てたりして観察眼を深めたことが、工作や絵の学習にもつながりました。

・１日目の持ち物はありませんでした。２日目は体操着と上履き（子どもの分のみ）を持参しました。２日目の女子の服装は、ジャンパースカートがやや多いものの、さまざまでした。着替えの時間が10分あるので、どんな服装でもよいと思います。

・１日目の待合室は講堂、２日目の待合室は教室でした。どちらも比較的暖かかったです。

慶應義塾横浜初等部

過去問題集

〈はじめに〉

現在、少子化が叫ばれているにもかかわらず、私立・国立小学校の入学試験には一定の応募者があります。入試は、ただやみくもに学習するだけでは成果を得ることはできません。志望校の過去における出題傾向を研究・把握した上で、練習を進めていくこと、試験までに志願者の不得意分野を克服していくことが必須条件です。そこで、本問題集は小学校を受験される方々に、志望校の出題傾向をより詳しく知って頂くために、出題頻度の高い問題を結集いたしました。最新のデータを含む精選された過去問題集で実力をお付けください。

また、志望校の選択には弊社発行の**「2022年度版　首都圏・東日本　国立・私立小学校　進学のてびき（４月下旬刊行予定）」「2022年度版　首都圏　国立小学校　入試ハンドブック（８月初旬刊行予定）」**をぜひ参考になさってください。

〈本書ご使用方法〉

◆出題者は出題前に一度問題を通読し、出題内容などを把握した上で、**〈 準 備 〉**の欄に表記してあるものを用意してから始めてください。
◆お子さまに絵の頁を渡し、出題者が問題文を読む形式で出題してください。問題を読んだ後で、絵の頁を渡す問題もありますのでご注意ください。
◆**「分野」**は、問題の分野を表しています。弊社の問題集の分野に対応していますので、復習の際の目安にお役立てください。
◆一部の描画や工作、常識等の問題については、解答が省略されているものがあります。お子さまの答えが成り立つか、出題者が各自でご判断ください。
◆**〈 時 間 〉**につきましては、目安とお考えください。
◆解答右端の**［〇年度］**は、問題の出題年度です。**［2021年度］**は、「2020年の秋から冬にかけて行われた2021年度入学志望者向けの考査で出題された問題」という意味です。
◆**学習のポイント**は、指導の際にご参考にしてください。
◆**【おすすめ問題集】**は各問題の基礎力養成や実力アップにご使用ください。

〈本書ご使用にあたっての注意点〉

◆文中に**この問題の絵は縦に使用してください。**と記載してある問題の絵は縦にしてお使いください。
◆**〈 準 備 〉**の欄で、クレヨン・クーピーペンと表記してある場合は12色程度のものを、画用紙と表記してある場合は白い画用紙をご用意ください。
◆文中に**この問題の絵はありません。**と記載してある問題には絵の頁がありませんので、ご注意ください。なお、問題の絵の右上にある番号が連番でなくても、中央下の頁番号が連番の場合は落丁ではありません。
下記一覧表の●が付いている問題は絵がありません。

問題１	問題２	問題３	問題４	問題５	問題６	問題７	問題８	問題９	問題10
						●		●	
問題11	問題12	問題13	問題14	問題15	問題16	問題17	問題18	問題19	問題20
					●	●	●		
問題21	問題22	問題23	問題24	問題25	問題26	問題27	問題28	問題29	問題30
			●		●				
問題31	問題32	問題33	問題34	問題35	問題36				
					●				

◎学習効果を上げるため、前掲の「家庭学習ガイド」及び「合格のためのアドバイス」をお読みになり、各校が実施する入試の出題傾向を、よく把握した上で問題に取り組んでください。
※冒頭の「本書ご使用方法」「本書ご使用にあたっての注意点」も併せてご覧ください。

2021年度の最新問題

問題1　分野：記憶（お話の記憶）

〈準備〉　クレヨン（12色）

〈問題〉　お話を聞いて、後の質問に答えてください。

ウサギのハルコさん、ナツコさん、アキコさんは、ウサギの３きょうだいです。今日はおかあさんの誕生日。みんなで晩ごはんを作ることにしました。ウサギのきょうだいが、晩ごはんをつくることにしました。ニンジンが家にあったので、カレーライスを作ることにしました。お母さんとアキコさんは辛いものが苦手なので、いつもカレーに生卵をかけて食べます。ハルコさんは肉を、ナツコさんはタマネギとジャガイモ、卵を買いました。２人が戻ってくると、家で待っていたはずのアキコさんの姿がなく、テーブルに「塩とコショウがたりないので買いに行きます」と書いたメモがありました。しばらくしてアキコさんが戻ってから、３人で料理を始めました。お母さんをびっくりさせたいので、１人ずつ順番にお母さんと部屋でお話をして、残りの２人が料理をすることにしました。ハルコさん、ナツコさん、アキコさんの順にお母さんとお話をして、最後にカレー粉を入れて煮込んでいるところへ、お父さんが帰ってきました。お父さんは帰ってくるとネクタイを外しながら大声で「いい匂いがすると思ったら、今日の晩ごはんはカレーライスか」と言ったので、ナツコさんはあわてて手でお父さんの口をふさぎました。お父さんの声を聞いて、お母さんが「お父さん、お帰りなさい」とキッチンに入ってきました。その後お母さんが「あら、カレーじゃないの。おいしそうね」と言ったので、ハルコさんとアキコさんは、お父さんをジロッとにらみました。

①３きょうだいが作ったのは何ですか。１番上の段の絵から選んで、赤いクレヨンで○をつけてください。
②ハルコさんが買ったのは何ですか。上から２段目の絵から１つ選んで、青いクレヨンで△をつけてください。
③３人が買わなかったものはどれですか。下から２段目の絵から選んで、黄色いクレヨンで□をつけてください。
④お父さんが身に付けていたのは何ですか。１番下の段の絵から選んで、黒いクレヨンで×をつけてください。

〈時間〉　各15秒

問題2　分野：記憶（お話の記憶）

〈準備〉　クレヨン（12色）

〈問題〉　お話を聞いて、後の質問に答えてください。

遊園地に行こうと、動物たちみんなが駅で待ち合わせをしました。来たのは、ウサギさん、タヌキさん、サルさん、ネコさん、イヌさん、ゾウさんです。キツネさんが来ていなかったので、みんな口々に「どうしてかな」と言って、キツネさんの家に行ってみました。キツネさんのお家に行ってみると、キツネさんのおかあさんが出てきて「キツネさんは、おばあさんのお見舞いに行ってから、おつかいをして帰ってくるのだけれど、遅いわね」と言いました。しばらくするとキツネさんが「ごめん、ごめん、すっかり遅くなっちゃったよ」と言いながら帰ってきました。キツネくんのお父さんが「みんな、キツネくんのせいで時間通りに出発できなくてごめんね。遊園地に行くには遅いから、近くの水族館に連れて行ってあげるよ」と言いました。水族館に着くと、みんな並んで、たくさんの海の生きものたちを見てまわりました。キツネさんのお母さんはイルカとクジラを見て喜んでいました。お父さんはホウボウとマンボウを見て喜びました。ウサギさんは、前から見たかったクラゲ、マンボウ、ウミガメ、エビ、サメを全部見られて喜びました。水族館を出てから、みんなでお弁当を広げて食べました。それぞれに、どんな生きものが面白かったのかを、楽しくお話しました。帰りは、みんなで駅に行ってから、それぞれの家に帰りました。

①お話に出てこなかった動物は何ですか。１番上の段の絵から選んで、黄色いクレヨンで×をつけてください。
②ウサギさんが見たかったものは何ですか。上から２段目の絵から選んで、緑色のクレヨンで△をつけてください。
③キツネさんはどうして待ち合わせに来られなかったのでしょう。キツネさんが忙しかったからだと思う人は◇を、キツネさんがお父さんに怒られていたからだと思う人は○を、青いクレヨンでつけてください。
④キツネさんのお父さんが見て喜んだものに□を、お母さんが見て喜んだものに×を、黒いクレヨンでつけてください。

〈時間〉　各15秒

問題3　分野：図形（点図形）

〈準備〉　クレヨン（12色）

〈問題〉　上の段のお手本と同じ形になるように、下の段の点をクレヨンでつないでください。１ページ目は青いクレヨンで、２ページ目は茶色のクレヨンで描いてください。

〈時間〉　１分

問題4　分野：図形（回転図形）

〈準備〉　鉛筆

〈問題〉　左端の形を、矢印の向きに矢印の数だけ１回回すと、どのようになるでしょう。正しいものを選んで、緑色のクレヨンで○をつけてください。

〈時間〉　１分

問題5　分野：推理

〈準備〉　クレヨン（12色）

〈問題〉　①上の段の絵を見てください。左側の四角に書いてある葉っぱをまっすぐにのばしたものを右から選んで、赤いクレヨンで○をつけてください。
②動物たちが順番に並ぶお話をします。順番が合っているものに青いクレヨンで○をつけてください。
イヌさんが言いました。「ぼくはサルさんの右に並んでいたよ」
ウサギさんが言いました。「わたしはサルさんの左に並んでいたよ」
タヌキさんが言いました。「ぼくはウサギさんの左に並んでいたよ」
③動物たちがかけっこをするお話をします。順位が合っているものに緑色のクレヨンで○をつけてください。
クマさんが言いました。「わたしよりブタさんの方が早かったよ」
カバさんが言いました。「ぼくはクマさんより１つ後の順位だよ」
ネコさんが言いました。「ぼくはブタさんの１つ前の順位だよ」

〈時間〉　各45秒

問題6　分野：常識（理科）

〈準備〉　クレヨン（12色）

〈問題〉　①上の段の絵を見てください。キクはどれですか。オレンジ色のクレヨンで□をつけてください。
②真ん中の段の絵を見てください。チューリップはどれですか。緑色のクレヨンで△をつけてください。
③下の段の絵を見てください。カブトムシの幼虫はどれですか。黒のクレヨンで○をつけてください。

〈時間〉　30秒

問題7　分野：運動

〈準備〉　**この問題の絵はありません。**
音源（「ぞうさん」「チューリップ」）、再生機器
イス（先生が乗って動物のポーズをする）
ビニールテープ（イスの前に円形のスペースを作っておく）

〈問題〉　①音楽に合わせて踊ってください。どんな生き物なのかを考えて、堂々と踊ってください。
②片足で立ってください

〈時間〉　30秒

問題8　分野：行動観察（サーキット運動）

〈準備〉　ラダー（床に置いておく）
平均台（２台ずつ“く”の字型に置いておく）
ボール（コーン２つの上にそれぞれ載せておく）、的

〈問題〉　**この問題は絵を参考にしてください。**
①先生が「はじめ」と言ったら、ラダーの上をケンパで進んでください。
②ケンパが終わったら、平均台を渡ってください。
③円のところで、動物（カマキリ・フラミンゴ・ゴリラのいずれか２つ）の真似をしてください。
④平均台が終わったら、コーンまで行き、ボールを取って的に向かって投げてください。跳ね返ってきたボールを拾ってはいけません。

〈時間〉　５分

問題9　分野：制作（想像画）

〈準備〉　クレヨン（12色）、画用紙

〈問題〉　**この問題の絵はありません。**
次のお話を聞いてください。

おじいさんとおばあさんの前で、３人の男の人が「早技」の競争をしました。おじいさんとおばあさんが話し合って、「すごい」と思った順番を決めます。優勝したのは、おばあさんがお茶を飲んでいる間に、屋根の上で降りられなくなって「助けてくれぇ」と言っている人を見つけて、すぐに屋根に上って、その人を担いで降りてきました。２位の人は、おじいさんがミカンを食べている間に、庭に生えていた竹を切ってかごを作り、見ていた女の人の髪の毛を３本抜いてアリをつかまえ、かごにアリ入れてひっくり返しました。３位の人は、おじいさんとおばあさんがあくびをしている間に、庭にある梅の木から、ふろしきいっぱいの梅の実をとってきました。

このお話を聞いて、あなたはどんな「早技」をしたくなりましたか。その絵を描いてください。
①制作中に先生が「これは何をしているところなの？」「どうしてそれをしたいの？」などの質問をする。
②（書き終えた後で）お友だちに、自分の描いた絵を紹介してみましょう。

〈時間〉　20分

問題 1

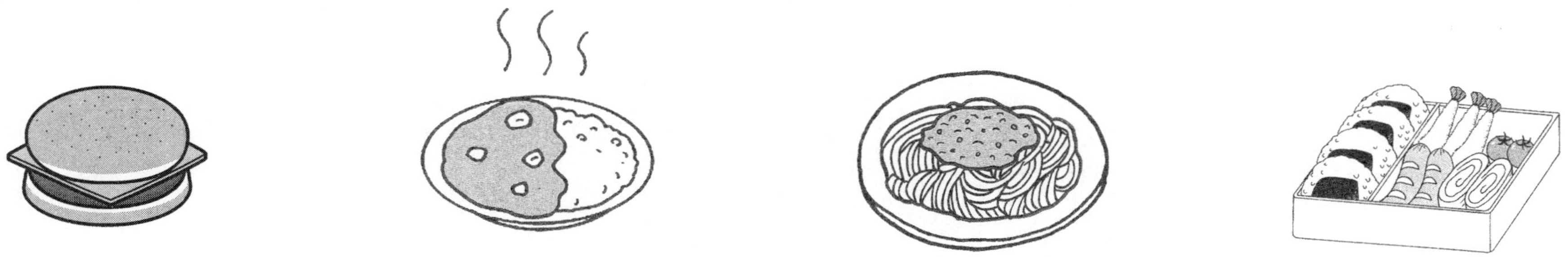

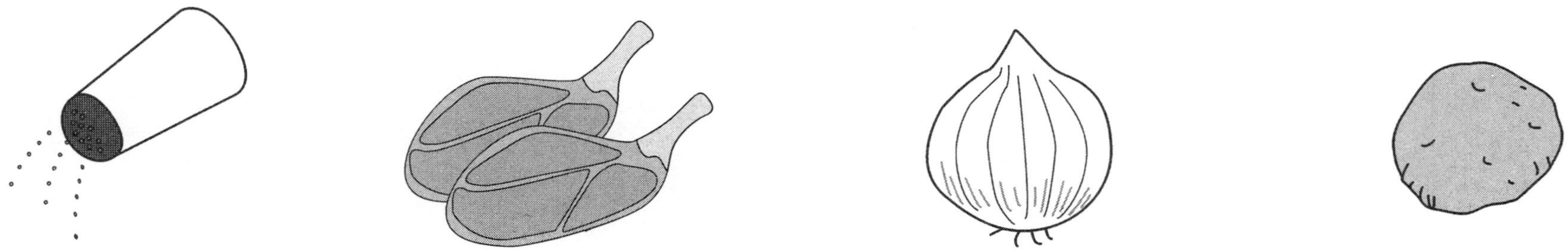

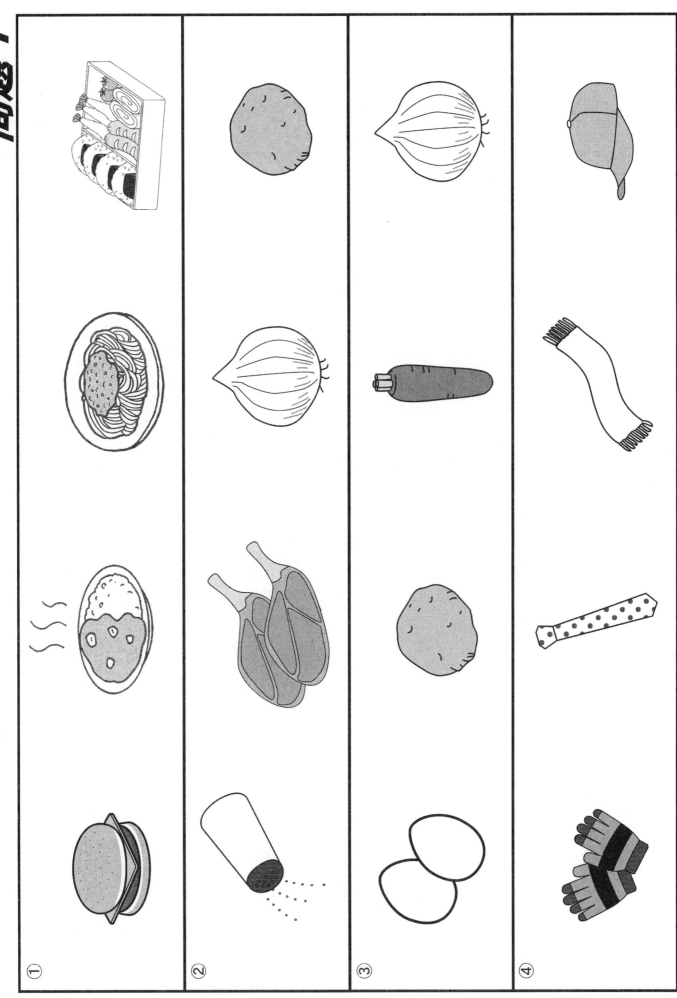

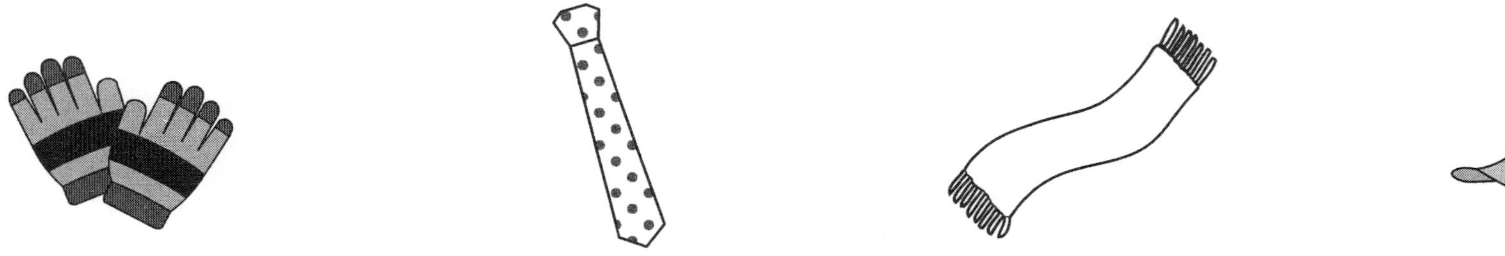

問題 2

①

②

③

④

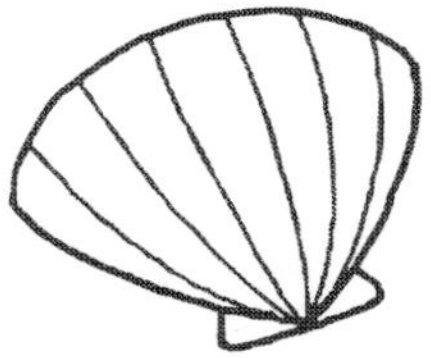

① ②

2022 年度　慶應義塾横浜初等部　過去　無断複製／転載を禁ずる　　　日本学習図書株式会社

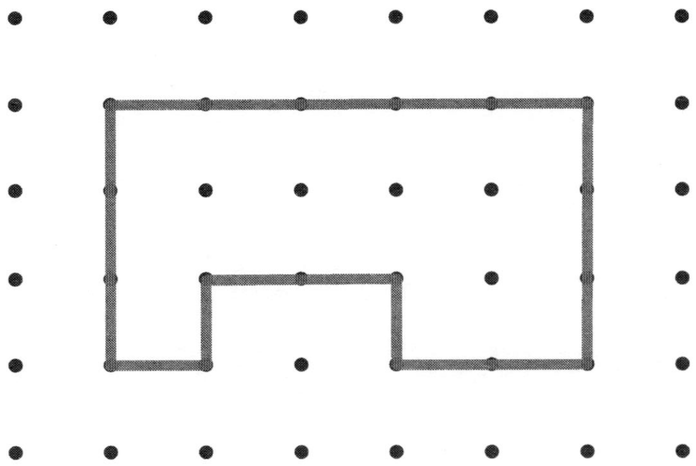

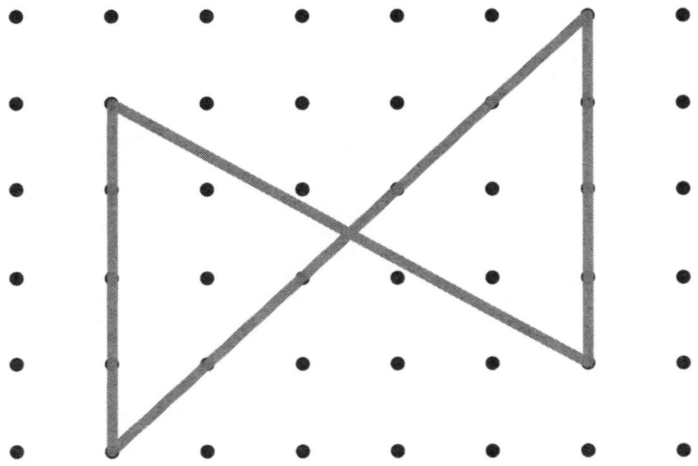

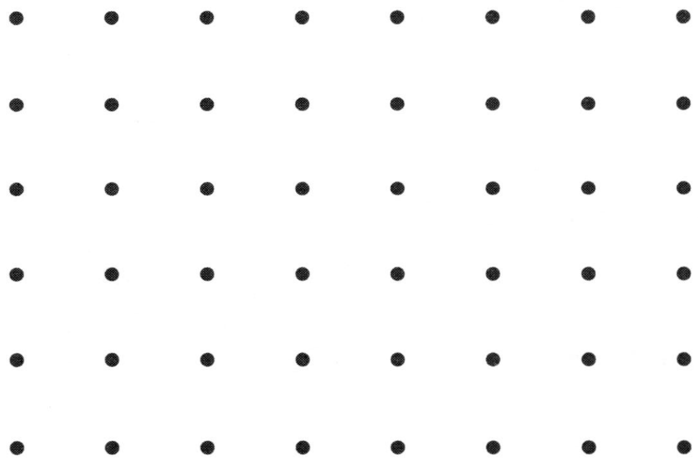

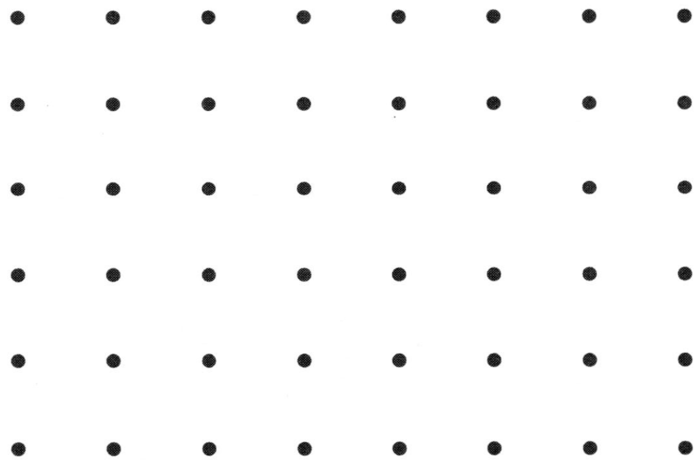

問題３−２

③

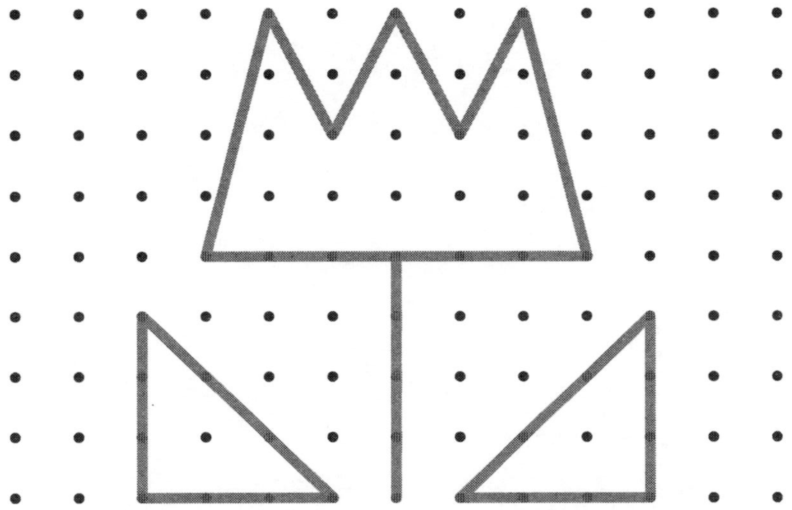

④

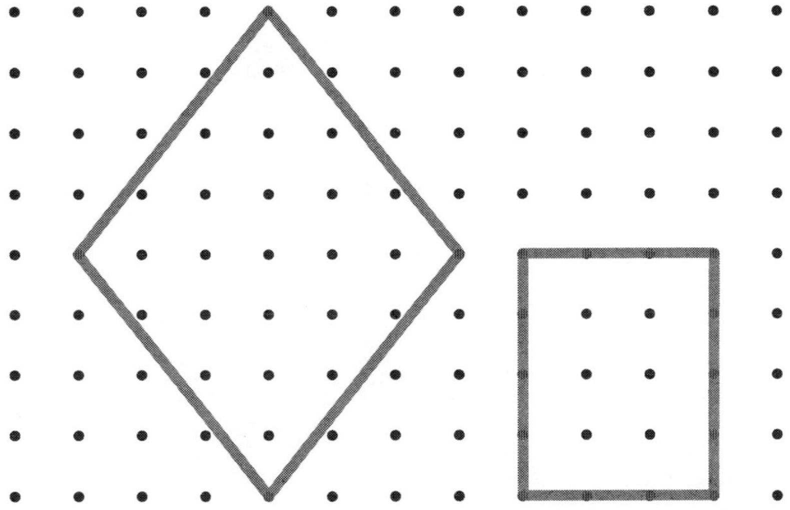

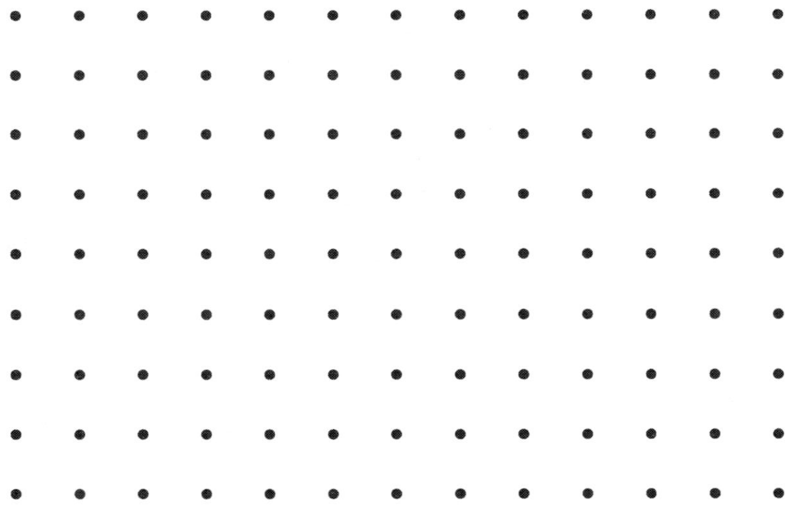

問題 4

2022 年度　慶應義塾横浜初等部　過去　無断複製／転載を禁ずる

日本学習図書株式会社

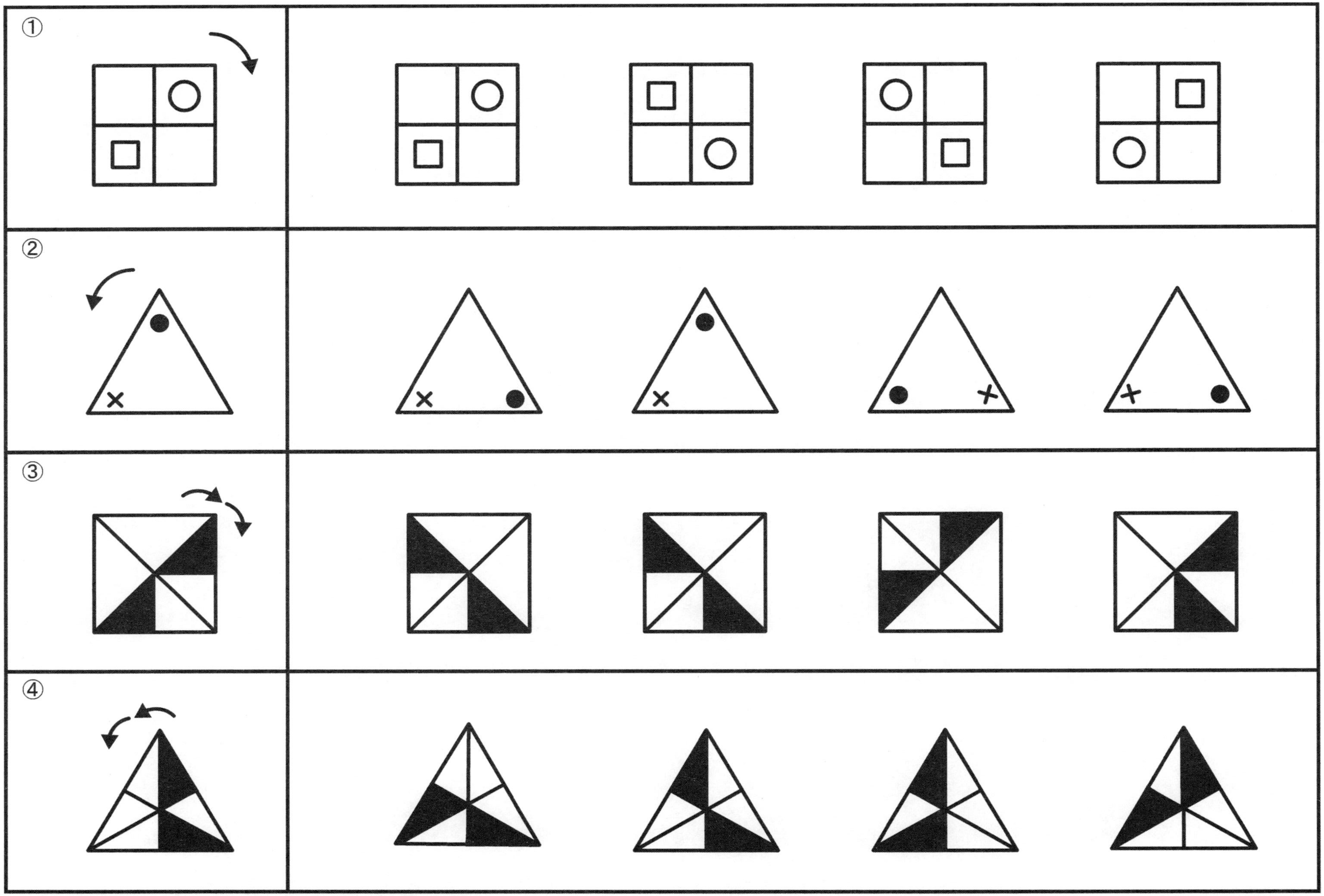

問題5

①

②

①

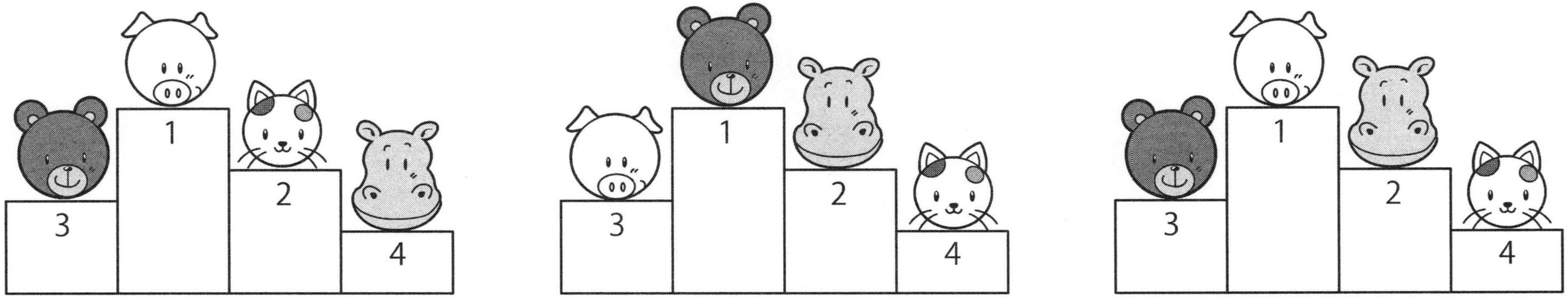

日本学習図書株式会社

問題6

①

②

①

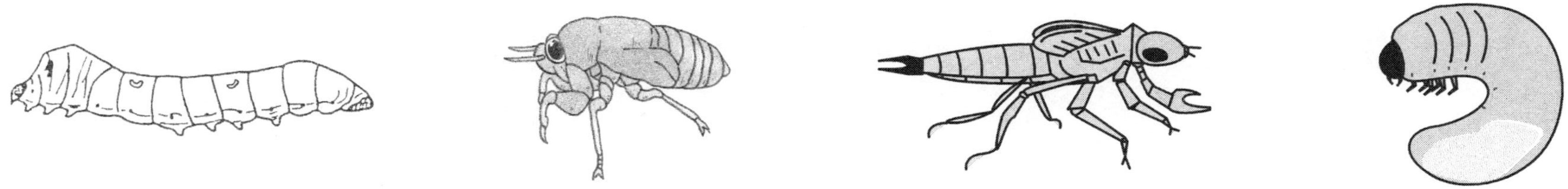

問題 8

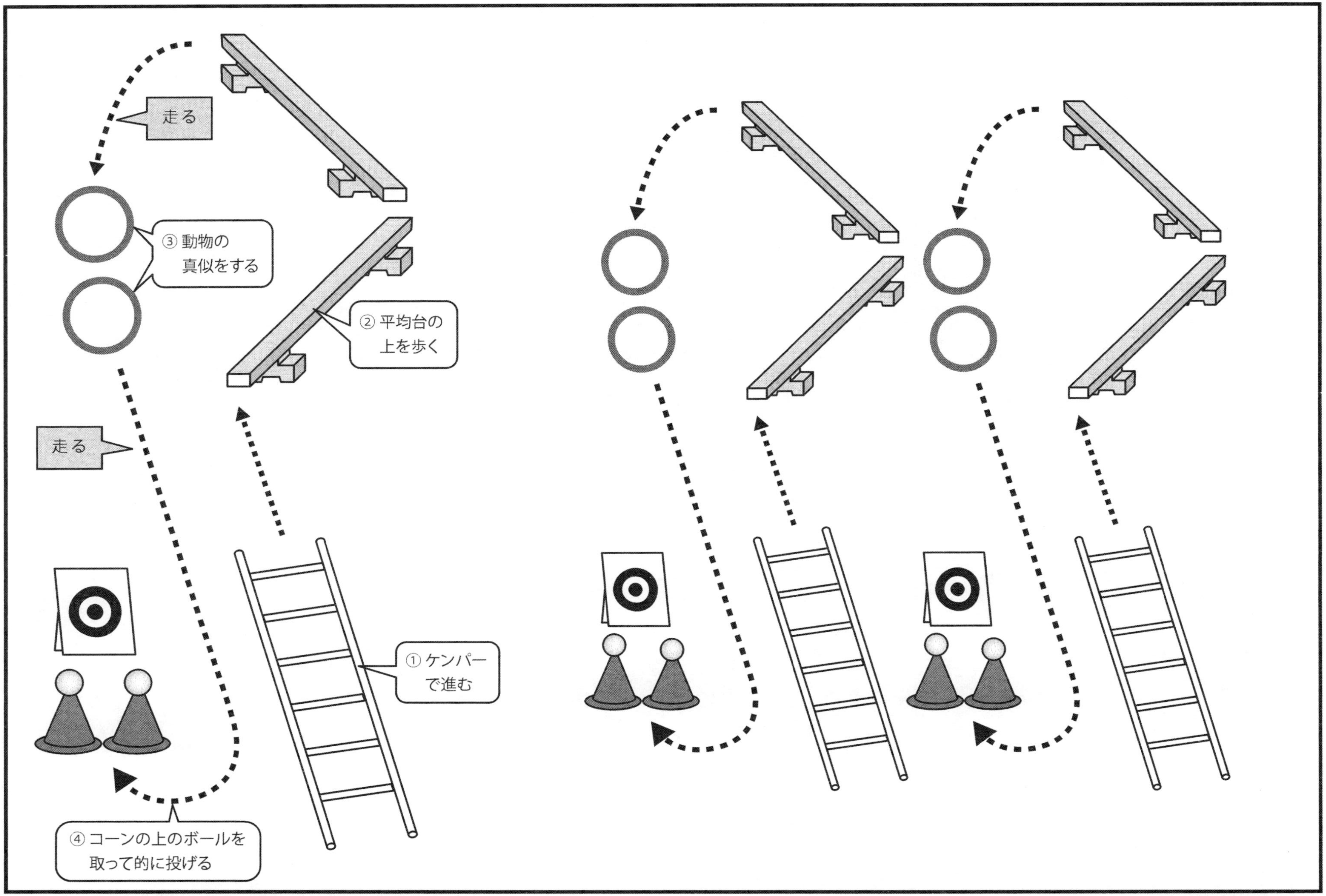
① ケンパーで進む
② 平均台の上を歩く
走る
③ 動物の真似をする
走る
④ コーンの上のボールを取って的に投げる

2021年度入試
解答例・学習アドバイス

解答例では、制作・巧緻性・行動観察・運動といった分野の問題の答えは省略されています。こうした問題では、各問のアドバイスを参照し、保護者の方がお子さまの答えを判断してください。

問題1　分野：記憶（お話の記憶）

〈解 答〉 ①左から２番目（カレーライス）　②左から２番目（肉）
③右から２番目（ニンジン）　④左から２番目（ネクタイ）

2020年度入試では出題されなかったお話の記憶が、2021年度入試では出題されました。過去には何度も出題されていますので、必ず対策しておきましょう。600字程度の標準的なお話ですが、解答時間が短いため、お話を聞きながら場面をイメージし、その場面を記憶しておかなければならないでしょう。なお、当校では解答に12色のクレヨンを用います。問題ごとに、記入する色を指定されるので、しっかり聞き取るようにしてください。解答が合っていても、指示通りの色で記入されていないければ、減点されてしまいます。

【おすすめ問題集】
１話５分の読み聞かせお話集①・②、お話の記憶 初級編・中級編、
Ｊｒ・ウォッチャー19「お話の記憶」

問題2　分野：記憶（お話の記憶）

〈解 答〉 ①左から２番目（ブタ）　②左から２番目（クラゲ）
③◇　④□：右から２番目（マンボウ）　×：左から２番目（イルカ）

この問題では、いくつも読み上げられる動物や海の生きものを、頭の中で整理して聞き取らなければなりません。複数のものが列挙される際には、「みんな」「○人の」や「たくさん」などの言葉が、あらかじめ置かれています。お子さまには「みんな」「たくさん」などの言葉には注意し、読み聞かせの際に「みんなって、誰だろう？」「たくさんって、どれぐらい？」などと聞いてみてください。また、質問される順番もお話の流れ通りではないので、ストーリー全体を把握しておく必要もあります。お話を聞き終わったら「どんなお話だった？」と聞くなど、ストーリーを振り返る練習をしておきましょう。

【おすすめ問題集】
１話５分の読み聞かせお話集①・②、お話の記憶 初級編・中級編、
Ｊｒ・ウォッチャー19「お話の記憶」

問題３　分野：図形（点図形）

〈解答〉　省略

点つなぎの問題です。点つなぎでは、まず、お手本の図をしっかり観察して形を把握してください。次に、始点と終点となる点の位置（座標）を数え、それから筆記用具を正しく使って線を引く、というのが正しい作業の進め方になるのでしょう。当校ではクレヨンを使うので、均等でまっすぐな線が引きにくいかもしれません。ある程度の練習は必要でしょう。上から下に、右から左に（左利きならば左から右に）、右上から左下に、左上から右下にという４種類の直線を書けるよう練習してください。また、最初は頂点の少ない単純な形から始めてください。最初は保護者の方が横に座って「上から〇つ目だね」というように、始点と終点とをいっしょに数えながら進めてもよいでしょう。反復練習で身に付ける課題なので、焦らず毎日練習することをおすすめします。

【おすすめ問題集】

Ｊｒ・ウォッチャー１「点・線図形」、51「運筆①」、52「運筆②」

問題４　分野：図形（回転図形）

〈解答〉　下図参照

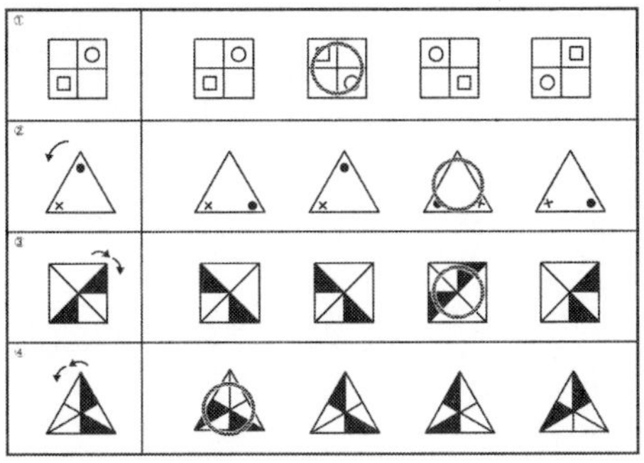

回転図形の問題です。小学校入試の回転図形では「右へ１回まわす」というのは、図形の右の辺が底辺になるように回すという意味です。四角形ならば右へ90度、三角形ならば右へ120度回転させることになります。360度回転するのではありませんから、混乱しないよう理解させてください。図形の問題を解くには「重ねる」「回転させる」「裏返す」「反転させる」「組み合わせる」などの操作を頭の中で行う必要があります。そのためには、学習の段階でタングラムなどの具体物を使って操作する練習をして、図形の持つ特性や操作した際に「どのようになるか」を理解させてください。生活の中で「三角形を回転させる」「複雑な図形を反転させる」といったシチュエーションはなかなかありませんから、本問のような問題を解き、その過程でお子さまがつまずくようであれば、その都度実物を用意して、確認しながら進めた方がよいでしょう。言葉で説明するよりも効果的ですし、直感的に理解できます。

【おすすめ問題集】

Ｊｒ・ウォッチャー46「回転図形」

問題5　分野：推理

〈解 答〉　①右から２番目　②真ん中　③左

①は、葉っぱの数や付き方を手がかりに、茎を直線にした時の形を推測する問題です。根拠を言えるとなおよいでしょう。②と③の問題では、まず誰かを固定して、その左右や前後は誰なのか、というように考えるとわかりやすいかもしれません。②ならイヌさんを基準に考えてみましょう。イヌさんの話から、イヌさんの左（向かって右）にサルさんが並んでいることがわかります。ウサギさんの話からはウサギさんがサルさんの左にいることが、タヌキさんの話からはタヌキさんがウサギさんの左にいることがわかります。③でも同様に、基準となる動物を決めて解いてみましょう。頭の中で並べるのが難しいようなら、動物の絵を切り抜いて並べながら考えてください。

【おすすめ問題集】
Ｊｒ・ウォッチャー31「推理思考」

問題6　分野：常識（マナーとルール）

〈解 答〉　下図参照

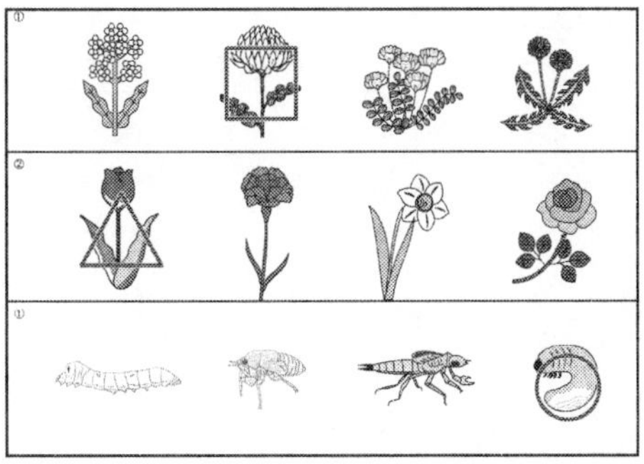

小学校の理科で知るような知識については、日常生活で自然に触れ、観察することが１番効率のよい学習方法です。同校は学校の一角をビオトープにしたり、図書館に標本を集めたコーナーを設けたりと、身近なところで自然観察の機会を設け、子どもたちの探究心を育むことに力を入れています。この問題の観点も、お子さまの知識だけでなく、家庭の環境にもあるのかもしれません。なかなか自然に接する機会を作りづらい場合は、図鑑やインターネットを通じてでもよいので、お子さまに好奇心を抱かせるようにしてください。

【おすすめ問題集】
Ｊｒ・ウォッチャー27「理科」、55「理科②」

問題7　分野：運動

〈解 答〉　省略

問8のサーキット運動になる課題ですが、それぞれチェックはされているので油断しないようにしてください。①では、自分で考えること、気後れせず踊れるかどうかが観点です。「ぞうさん」はゆっくりした曲調ですが、「チューリップ」ではテンポが速くなります。ダンスそのものが特別上手である必要はありませんが、リズム感がないと評価されない程度に身体を動かせるようにしておきましょう。②は、バランス感覚をチェックする課題ですが、年齢相応にできていれば問題ありません。

【おすすめ問題集】

Ｊｒ・ウォッチャー28「運動」、新運動テスト問題集

問題8　分野：行動観察（サーキット運動）

〈解 答〉　省略

サーキット運動では、運動能力よりも指示をしっかり聞き取り、お手本をしっかり見て覚え、指示通りに行動することが求められています。①と②の間、②と③の間、③と④の間は走って移動しますが、特に口頭での指示はなく、お手本を見て行動します。チェックされるのは複数の運動を指示通りに、そしてスムーズに行えるかどうかだけなので、年齢なりに動ければそれで充分なのです。不安なようなら、まだ人の少ない早朝の公園などで、遊具を使って練習してみてはいかがでしょう。指示通りできるようになったら、待っている時の姿勢や返事などにも気を付けます。よい気分転換にもなるはずです。

【おすすめ問題集】

Ｊｒ・ウォッチャー28「運動」、新運動テスト問題集

問題9　分野：制作（想像画）

〈解 答〉　省略

この設問では、「早業」という言葉の意味をお話を通じて理解し、自分ならどんな「早業」をしたいかを考え、それを絵にするという、言葉の理解と発想力を評価するための課題です。さらに、みんなの前で発表するというプレゼンテーションの能力まで試されるわけです。さすがにこれは「うまくできればなおよし」という課題だと思いますが、お子さまにとってかなりの難問であることは間違いないでしょう。また、この問題は１人の先生がお話を読むのを16名の志願者が囲み、その後ろで15人の先生が志願者の様子を観ながら質問をする、という形式で行われました。たいていのお子さまは緊張するシチュエーションです。そんな中でも自分なりに落ち着いて、相手にわかるように話すこと。これができれば悪い評価はされないと思います。

【おすすめ問題集】

Ｊｒ・ウォッチャー22「想像画」、24「絵画」

慶應義塾横浜初等部　専用注文書

年　　月　　日

試験の特徴をおさえて、効果的な学習ステップをふみましょう。

＊当校の３つのポイント＊

1　ペーパーテストのための基礎学力定着

１次試験のペーパーテストは、常識、図形、推理などの分野から出題です。各分野の基礎学力だけでなく答えるスピードにも注意してください。

2　指示をよく聞く

１次・２次試験とも指示をよく聞き、積極的に課題に取り組みましょう。ほかの志願者への配慮やマナーも忘れずに。

3　表現力を磨く

２次試験の制作の課題中にテスターからの質問があります。時間内に制作することも大切ですが、受け答え方なども大切です。注意してください。

必ずおさえたい分野の問題集

書　名	価格（税抜）	注文
Ｊｒ・ウォッチャー７「迷路」	1,500	冊
Ｊｒ・ウォッチャー10「四方からの観察」	1,500	冊
Ｊｒ・ウォッチャー27「理科」	1,500	冊
Ｊｒ・ウォッチャー30「生活習慣」	1,500	冊
Ｊｒ・ウォッチャー53「四方からの観察　積み木編」	1,500	冊
Ｊｒ・ウォッチャー55「理科②」	1,500	冊
実践ゆびさきトレーニング①	2,500	冊
１話５分の読み聞かせお話集①	1,800	冊
新 個別テスト・口頭試問問題集	2,500	冊
新 運動テスト問題集	2,200	冊

その他おすすめ問題集

書　名	価格（税抜）	注文
Ｊｒ・ウォッチャー22「想像画」	1,500	冊
Ｊｒ・ウォッチャー23「切る・貼る・塗る」	1,500	冊
Ｊｒ・ウォッチャー24「絵画」	1,500	冊
実践ゆびさきトレーニング②	2,500	冊
実践ゆびさきトレーニング③	2,500	冊
小学校受験で知っておくべき125のこと	2,600	冊
新 小学校受験の入試面接Ｑ＆Ａ	2,600	冊
新 願書・アンケート文例集500	2,600	冊
保護者の悩みＱ＆Ａ	2,600	冊
願書の書き方から面接まで	2,500	冊
合　計		冊

（フリガナ） 氏　名	電　話 ＦＡＸ E-mail
住 所　〒　　　　－	以前にご注文されたことはございますか。 有　・　無

★お近くの書店、または記載の電話・FAX・ホームページにてご注文をお受けしております。
電話：03-5261-8951　FAX：03-5261-8953　代金は書籍合計金額＋送料がかかります。
※なお、落丁・乱丁以外の理由による商品の返品・交換には応じかねます。

★ご記入頂いた個人に関する情報は、当社にて厳重に管理致します。なお、ご購入の商品発送の他に、当社発行の書籍案内、書籍に関する調査に使用させて頂く場合がございますので、予めご了承ください。

日本学習図書株式会社
http://www.nichigaku.jp

2020年度以前の問題

問題10　分野：推理（座標の移動）

聞く　集中

〈準備〉　クレヨン

〈問題〉　(問題10の絵を渡す)
とおるくんが学校へ行く様子を話すので、よく聞いてください。

家からまっすぐ進むと突き当たりになります。そこを左に曲がります。その道を進んでいくと、途中、右に曲がる道がありますが、そのまま、まっすぐ進んでください。さらに進んでいったところの突き当たりを左に曲がり、次の角を右に曲がります。まっすぐ進むと学校が見えてきますが、とおるくんが通う学校ではありません。その手前を右に曲がり、突き当たりの左に見えるのがとおるくんの学校です。

〈時間〉　2分

〈解答〉　下図参照

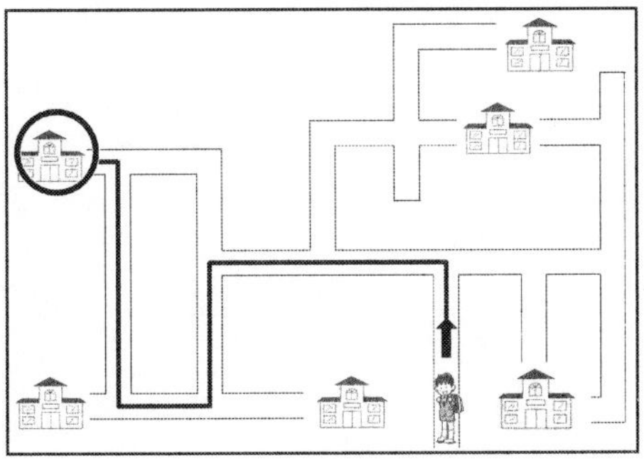

［2020年度出題］

学習のポイント

出題者が読み上げた通りに、目的地まで行く道順を線で引く問題です。2019年度には条件に沿って迷路を進んでいくという類似問題が出題されています。このような問題では、進む方向によって左右が逆になります。まずはその点が身に付いているかどうかをチェックしてください。わからない時は、実際にお子さまに動いてもらうと、理解させられると思います。お話を聞いて、道順や場所に印を付ける問題は、記憶力と思考力の双方を観ることができるので、よく出題されます。

【おすすめ問題集】

Ｊｒ・ウォッチャー７「迷路」、47「座標の移動」

問題11　分野：図形（四方からの観察）

観察　集中

〈準備〉　クレヨン

〈問題〉　左端の四角にある積み木を上から見ると、どのように見えますか。正しいものに○をつけてください。

〈時間〉　各30秒

〈解答〉　①真ん中　②左端　③真ん中

［2020年度出題］

学習のポイント

積み木を上から見ると、どう見えるのかを答える問題です。当校ではよく出題されるので、確実に押さえたい問題の１つです。この問題では、上から見た図形をすぐにイメージできるかどうかが大切です。何回もペーパーで繰り返してこの種の問題を学習するのもよいですが、問題を解いた後、すぐに○つけを行うのではなく、お子さまに積み木を積ませて、自分で答えが合っているかどうかを確認させるとより理解が深まります。具体物を使って学習すると、上方からの見え方だけでなく、さまざまに視点を変える「四方からの観察」の類似問題の学習にも繋げることができます。

【おすすめ問題集】
　Ｊｒ・ウォッチャー10「四方からの観察」、53「四方からの観察　積み木編」

問題12　分野：常識（理科・知識）

知識

〈準備〉　クレヨン

〈問題〉　（問題12の絵を渡す）
上の段の絵を成長の順やお話の順に並べた時に
①１番目の絵に○を、３番目の絵に△をつけてください。
②３番目の絵に○を、４番目の絵に△をつけてください。
③２番目の絵に○を、３番目の絵に△をつけてください。

〈時間〉　各15秒

〈解答〉　①○：右端　△：左から２番目　②○：左から２番目　△：左端
③○：右から２番目　△：左端

［2020年度出題］

学習のポイント

虫の成長やお話の流れの正しい順番を問う問題です。この問題を解くには虫の成長についての知識がないと解くことはできません。こうした知識を身に付けるためには、さまざまな生物に触れる体験をたくさん設けましょう。図鑑やインターネットなどを使って知ることもできますが、できれば、実際に外に出かけたり、動植物園や昆虫館に行ったりして、実際に生物を見てみましょう。実物を見ると、視覚だけでは得られない情報を得ることができます。

【おすすめ問題集】
Ｊｒ・ウォッチャー27「理科」、55「理科②」

問題13　分野：常識（マナー）　考え

〈準 備〉　クレヨン

〈問 題〉　（問題13の絵を渡す）
この絵のなかで、正しいことをしている子には○を、いけないことをしている子には×をつけてください。

〈時 間〉　30秒

〈解 答〉　下図参照

［2020年度出題］

家庭学習のコツ①　「先輩ママのアドバイス」を読みましょう！

本書冒頭の「先輩ママのアドバイス」には、実際に試験を経験された方の貴重なお話が掲載されています。対策学習への取り組み方だけでなく、試験場の雰囲気や会場での過ごし方、お子さまの健康管理、家庭学習の方法など、さまざまなことがらについてのアドバイスもあります。先輩ママの体験談、アドバイスに学び、ステップアップを図りましょう！

学習のポイント

この年度は、例年あまり出題されてこなかったマナーに関する問題が出題されました。ここでは電車内でのマナーについて問われています。ここで、よい行為・悪い行為だけを知識として覚えさせても意味がありません。よい・悪いではなく、その行為の理由も教えるようにしましょう。これは電車内に限らず、生活のあらゆる場面のマナーにおいてもいっしょです。マナーを身に付けることは、お子さまのこれからの生活でも必要です。そして何より、マナーの本質である他の人への思いやりを持ってほしいところです。

【おすすめ問題集】
Ｊｒ・ウォッチャー30「生活習慣」、56「マナーとルール」

問題14　分野：推理

集中　聞く

〈準 備〉　クレヨン

〈問 題〉　（問題14の絵を渡す）
あるものの特徴を３つ言います。その特徴を聞き、何について聞かれたのか、正しいものに○をつけてください。

①
・卵で産まれます
・水の中が大好きです
・よく跳びます

②
・秋のものです
・ご飯といっしょにまぜて、炊き込みごはんにするとおいしいです。
・木の下などに生えています

〈時 間〉　各１分

〈解 答〉　①　カエル　②　キノコ

［2020年度出題］

家庭学習のコツ②　「家庭学習ガイド」はママの味方！

問題演習を始める前に、試験の概要をまとめた「家庭学習ガイド（本書カラーページに掲載）」を読みましょう。「家庭学習ガイド」には、応募者数や試験課目の詳細のほか、学習を進める上で重要な情報が掲載されています。それらの情報で入試の傾向をつかみ、学習の方針を立ててから、対策学習を始めてください。

学習のポイント

本問は、３つのヒントから正解を推測する問題です。ヒントを順番に聞いて、これだ！と瞬時に答えられるかどうかが大切です。①の最初のヒント「卵で産まれます」というヒントから、選択肢のラッコやウシは答えではないことがわかります。「水の中が大好きです」という次のヒントでは、カラスが答えから除外されます。そして最後の「よく跳びます」というヒントから、正解がカエルであることが特定できます。このように、順番にヒントを聞けば答えはわかるのですが、ヒントから連想する知識がなければ解答できません。まずは身の回りにある植物や、よく見かける動物について学んでください。その後で、動植物園や水族館、メディアを通して、こうした問題でよく出題される生物についての知識を増やしてください。

【おすすめ問題集】
　Ｊｒ・ウォッチャー27「理科」、55「理科②」

問題15　分野：常識（知識）

知識　聞く

〈準備〉　クレヨン

〈問題〉　（問題15の絵を渡す）
おじいちゃんの家へ行きました。おじいちゃんはゆうこさんが来るのをとても楽しみにしていました。そして、ゆうこさんが大好きなゲームはもちろん、トランプ、テレビなど、好きなだけ遊んでいいよと言いました。でもまず、ゆうこさんはおじいちゃんのそうじのお手伝いをすることにしました。その時に使うものに○をつけてください。

〈時間〉　15秒

〈解答〉　下図参照

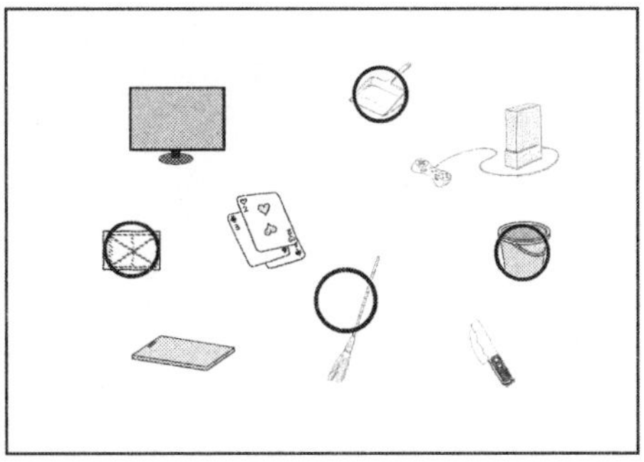

［2020年度出題］

家庭学習のコツ③　効果的な学習方法～問題集を通読する

過去問題集を始めるにあたり、いきなり問題に取り組んではいませんか？　それでは本書を有効活用しているとは言えません。まず、保護者の方が、すべてを一通り読み、当校の傾向、ポイント、問題のアドバイスを頭に入れてください。そうすることにより、保護者の方の指導力がアップします。また、日常生活のさまざまなことから、保護者の方自身が「作問」することができるようになっていきます。

学習のポイント

この問題の最大のポイントは、何について問われるのか、最後まで聞かないとわからないことです。最初は遊びに行った話ですが、途中から掃除をする話に変わり、問題ではその掃除の道具について問われています。近年、人の話を最後まで聞けない子どもが多いと言われている現状を考えると、家庭での躾を問う問題としても捉えることができます。学校は、入試を通じて観られる家庭教育のありようも重視しています。学習においては、ペーパーテストができる・できない、ということだけでなく、背景にある生活体験についても考えるようにしてください。

【おすすめ問題集】
Ｊｒ・ウォッチャー30「生活習慣」、56「マナーとルール」

問題16　分野：運動（準備体操）

集中　聞く

〈準　備〉　なし

〈問　題〉　この問題の絵はありません。
今から準備体操をします。私（出題者）と同じように、体を動かしてください。

　私といっしょに同じ動作をしてください。
①しゃがむ、膝を伸ばす、膝の屈伸
②体を前に倒す前屈、うしろに反らせる後屈
　ここからは、私のポーズを見てから同じ動作をしてください。
③両腕を横に広げ、片足で立ちましょう。
④もう片足をまっすぐ伸ばし、前に動かし、そして後ろへ動かしましょう。
⑤頭を両手でパンパンと叩きましょう。（同じ行為を肩、膝、お尻の順で行う）

〈時　間〉　適宜

〈解　答〉　省略

［2020年度出題］

学習のポイント

当校の２次試験で実施される運動テストの準備運動です。身体を慣らすことが目的ですから、できなくても評価に影響することはありません。ただし、さまざまな運動をするので、よく聞き、よく見て理解することが大切です。小学校受験の基本は指示をよく理解して、そのとおりに実行することです。準備運動だからといって、ふざけたり、ほかの受験者を邪魔したりする行動は絶対にやめましょう。

【おすすめ問題集】
運動テスト問題集、Ｊｒ・ウォッチャー28「運動」

問題17　分野：運動（サーキット）

聞く　集中

〈準備〉　コーン（スタートから５メートル先に置く）、
ビニールテープ（ピンク。コーンから５メートル離れた地点に貼っておく、貼った地点から３メートル離れた地点にも貼っておく）
ボール（子どもの顔ぐらいの大きさ。コーンから近い方のテープの横に置いておく）

〈問題〉　この問題の絵はありません。
①スタートからコーンのところまで、スキップで進んでください。
②コーンのまわりを１周してから、ビニールテープまで走ってください。
③（ビニールテープの横にボールがあります）
ボールを上に投げて、ボールが落ちるまでに、奥にあるもう１つのビニールテープへ走ってください。
④走り終えたら、気をつけをして、終了です。

〈時間〉　適宜

〈解答〉　省略

［2020年度出題］

学習のポイント

①②の動作は、年齢相応の体力と運動能力があれば難しいものではありませんが、③の動作は考えてから取り組まなければなりません。思い切り投げてゆっくり進むのは簡単ですが、求められているのは、ボールを上へ投げた高さと自分が走る距離とを考えて、ボールを投げる力を考えることです。また、ボールを投げる方向も大切です。指示は「上に」とだけされていますが、実際には真上が望ましい方向です。得意・不得意が分かれる課題だとは思いますが、投げたボールが全く違う方向へ行ってしまうようでは年齢相応の運動能力があるとはみなされませんので、練習が必要です。

【おすすめ問題集】
新運動テスト問題集、Ｊｒ・ウォッチャー28「運動」

問題18　分野：制作

聞く　協調

〈準備〉　油粘土（青、グレー、白）

〈問題〉　この問題の絵はありません。
目の前にある油粘土を使って、「今日の夜食べたいもの」を作ってください。
（作っている途中で）
①「美味しそうだね、何を作っているの？」
「この中に何が入っているの？」
「この中で一番食べたいものは何？」（複数個作成する場合）
（上記制作が終わったら）
②それでは、お友だちに自分の作ったものを紹介してみよう。

〈時間〉　適宜

〈解答〉　省略

［2020年度出題］

学習のポイント

制作するものを自分で考え、作品をみんなに発表する、制作と行動観察の複合課題です。本問の特徴は、制作の途中で質問されることと、自分の作ったものを発表することです。双方ともに求められるのは、人にわかるように伝えられるコミュニケーション能力です。ご家庭で取り組んだ後、お子さまは使用した粘土をどうしましたか。入学試験では、出題内容だけでなく、後片付けをするかどうかも観られています。言われたからする、というのではなく、日頃から片付けを学習とセットにして取り組んでください。

【おすすめ問題集】
　Ｊｒ・ウォッチャー22「想像画」、23「切る・貼る・塗る」
　実践 ゆびさきトレーニング①②③

問題19　分野：お話の記憶

聞く　集中

〈準備〉　クレヨン

〈問題〉　けんたくんは、お父さんと一緒に本屋さんへ行きました。本屋さんには、「わりばしミニカー」が飾られていて、横にその作り方が書かれた本が売られていました。けんたくんはお父さんにお願いして、作り方の本を買ってもらいました。お家に帰るとすぐに、ミニカー作りの準備を始めました。お母さんに「わりばしをちょうだい」と言うと、お母さんは「仲間に入れてくれるならあげるわ」と言ったので、お母さんからわりばしをもらい、お父さんとお母さん、けんたくんの３人で、わりばしミニカーを作ることにしました。けんたくんは青いスポーツカーを作りました。お父さんは赤い消防車、お母さんは黄色いトラックを作りました。ミニカーができたので、お父さんが作ってくれたコースで競争することにしました。「ヨーイドン」と言って、けんたくんとお父さん、お母さんは、一斉にミニカーから手を放しました。３台のミニカーは、どんどん坂道を下っていきます。途中でお父さんの車と、お母さんの車がぶつかってしまいました。その間にけんたくんの車がゴールしました。そのあと、お母さん、お父さんの車の順番にゴールしました。けんたくんは「やったー、僕の勝ちだね」と言って喜びました。お父さんはくやしそうに、「もう１回競争しようよ」と言いましたが、お母さんが「お昼ご飯を食べてからにしようね」と言ったので、競争するのはやめて、片付けをしました。

（問題10の絵を渡す）
①お母さんがけんたくんにくれたものはどれですか。選んで○をつけてください。
②けんたくんが作った車はどれですか。選んで○をつけてください。
③黄色い車を作ったのは誰ですか。選んで○をつけてください。
④競争で１番先にゴールした車に○を、１番最後にゴールした車に×をつけてください。

〈時間〉　各15秒

〈解答〉　①右端　②右から２番目　③左から２番目　④○：右から２番目　×：左端

［2019年度出題］

学習のポイント

2020年度はお話の記憶は出題されませんでした。ただし前後の年度には出題されていますので、必ず対策しておきましょう。このお話の文字数は600字程度です。例年出題されるお話もこの分量なので、記憶できるようにしておきましょう。お話の内容は、本屋へ行き、そこでミニカーの作り方の本を買い、作って、競わせるという流れです。話の展開として特段変わったできごとが盛り込まれているわけでもなく、難しい内容ではありません。ただ当校の場合には、細部についての出題がなされますので、聞き逃さないよう意識して学習してください。また、解答時間が短めなので、時間も測りながら取り組んでください。

【おすすめ問題集】

1話5分の読み聞かせお話集①②、入試実践編①

お話の記憶 中級編・上級編、ウォッチャーズアレンジ③～記憶力UP編～

問題20　分野：お話の記憶

聞く　集中

〈準備〉　クレヨン

〈問題〉　朝ごはんの時間です。ともこさんがテーブルにつくと、お父さんと弟のひろきくんがもう待っていました。こんがりと焼けたパンをお母さんが持ってきたので、「いただきます」と言い、パンにジャムをたっぷり塗って食べました。お父さんが会社に出かけるのをお見送りしたあと、お母さんとともこさん、ひろきくんはスーパーへお買い物に出かけました。
ともこさんたちはスーパーにつくと、野菜売り場へ行きました。お母さんはともこさんとひろきくんに「シイタケとナスとトマトとキュウリを持ってきて」と頼みました。ともこさんはシイタケとナスを見つけてお母さんが持っているカゴに入れました。ひろきくんもトマトとキュウリを持ってきました。それから、食パンと牛乳とオレンジジュースもカゴに入れました。「あとは、お父さんの大好きなお魚ね」とお母さんが言ったので、ともこさんは魚売り場へ行き、大きくておいしそうな魚を見つけてカゴに入れました。たくさんお買い物をしたあと、「お家へ帰るまえに、ちょっとひと休みしましょう」と言って、ともこさんたちはソフトクリームを食べてから、お家へ帰りました。

（問題20の絵を渡す）
①ともこさんの家族はどれですか。選んで○をつけてください。
②ともこさんがカゴにいれた野菜はどれですか。選んで○をつけてください。
③お父さんの大好きな食べ物はどれですが。選んで○をつけてください。
④ともこさん達が買わなかったものに、○をつけてください。

〈時間〉　各15秒

〈解答〉　①左から２番目　②左から２番目、右から２番目　③右端　④左端、右端

［2019年度出題］

学習のポイント

問題19と同様に、登場人物が買ったものや好きな食べものなど、細かい部分についての質問が多く出題されています。また本問題では、買わなかったものを問う出題もされています。お話に出てきたものをしっかり記憶しておかなければ解けませんので、注意深く聞くことが求められています。お話の記憶の対策は、問題を解くだけでなく、日頃読んでいる絵本を使っても行うことができます。本をただ読み終えるだけでなく、お子さまにどのような話だったか、登場人物が何色のものを持っていたかなどのさまざまな質問をすることで、お話の細部を記憶することはもちろん、お子さまなりにお話を解釈し、面白い発想や想像力を身に付けることもできます。

【おすすめ問題集】

１話５分の読み聞かせお話集①②、入試実践編①
お話の記憶　中級編・上級編、ウォッチャーズアレンジ③～記憶力UP編～

問題21　分野：図形（同図形探し）　観察　集中

〈準 備〉　クレヨン

〈問 題〉　この問題の絵は縦に使用してください。
１番上の段を見てください。左のお手本と同じ絵を、右の４つの絵の中から選んで、○をつけてください。できたら、ほかの段も同じようにやりましょう。絵の中には、向きが違うものもあります。

〈時 間〉　各15秒

〈解 答〉　①左から２番目　②右端　③右から２番目　④右端　⑤左端　⑥左から２番目

［2019年度出題］

学習のポイント

図形分野の問題は、毎年出題されています。図形分野に共通しているのは、細かい部分まで観ているかどうかです。同図形探しの基本的な解き方は、図形の全体から細かい部分へと見ていき、お手本と同じかどうかを判別することです。①の場合には、白いウサギであること（全体部分）を確認してから、ウサギの表情やヒゲ（細かい部分）に目を配ります。異なる点を探すのではなく、見本と共通する点を確認していくようにすると、見落としや勘違いを減らすことができます。例えば④の場合には、それぞれの絵が回転しているので、１つひとつ合っているかどうかを確認するのは難しく、時間もかかるでしょう。見本のゾウと見比べながら、同じ鼻の向きや目の下の窪みなどをお手本と見比べていくと、効率的に正解を選ぶことができます。

【おすすめ問題集】

Ｊｒ・ウォッチャー４「同図形探し」、５「回転・展開」

問題22　分野：聞く記憶

聞く　集中

〈準備〉　クレヨン

〈問題〉　今日はみんなで動物園に来ました。太郎くんは長袖のシャツを着て、手にアイスクリームを持っています。きょうこさんは髪を結んでいて、手に図鑑を持っています。さとしくんは白い半そでのシャツを着て、キリンにニンジンをあげようとしています。
(問題22の絵を渡す)
絵をよく見て、太郎くんに○を、きょうこさんに△を、さとしくんに□をつけてください。

〈時間〉　30秒

〈解答〉　下図参照

［2019年度出題］

学習のポイント

本問では、複雑なお話を１度で聞き取る集中力と、指示通りに答える正確さが求められています。アイスクリーム、本、ニンジンというそれぞれの持ち物から３人をイメージするのは容易かもしれませんが、解答する記号をしっかり記憶しておかなければ解答できません。また、解答の記号がしっかりと書けているかもチェックしてください。三角や四角の頂点をしっかり書かないと、形が崩れ、三角や四角が○に、○が三角や四角に見えてしまうこともあります。入試では、この判断は採点者に委ねられていますから、誰が見てもその記号であることがわかるよう、解答記号をしっかり書く練習をしましょう。

【おすすめ問題集】

Ｊｒ・ウォッチャー20「見る記憶・聴く記憶」、
ウォッチャーズアレンジ④～記憶力UP「見る記憶」編～

家庭学習のコツ③　効果的な学習方法～問題集を通読する

過去問題集を始めるにあたり、いきなり問題に取り組んではいませんか？　それでは本書を有効活用しているとは言えません。まず、保護者の方が、すべてを一通り読み、当校の傾向、ポイント、問題のアドバイスを頭に入れてください。そうすることにより、保護者の方の指導力がアップします。また、日常生活のさまざまなことから、保護者の方自身が「作問」することができるようになっていきます。

問題23　分野：推理（迷路）

集中　観察

〈準備〉　クレヨン

〈問題〉　（問題23-1の絵を渡す）
左上の矢印のところから、迷路を通って右下の矢印のところまで進みます。道は○△□の順にしか進めません。通る道に赤い線を引いてください。
（問題23-2の絵を渡す）
左上の矢印のところから、迷路を通って右下の矢印のところまで進みます。道は○△□☆の順にしか進めません。通る道に赤い線を引いてください。

〈時間〉　各1分

〈解答〉　下図参照

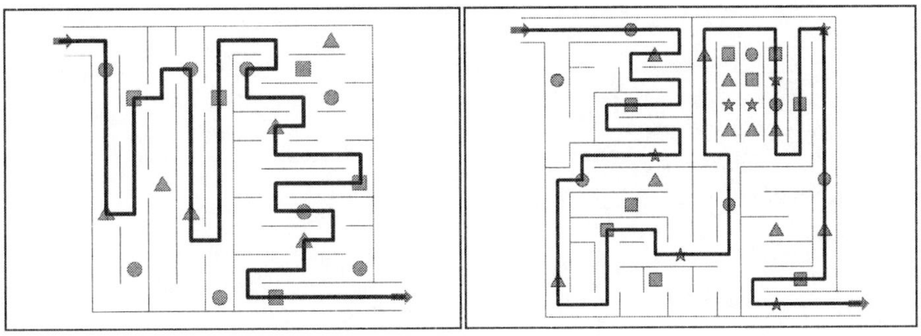

［2019年度出題］

学習のポイント

推理分野の問題では、指示を理解し、絵を観察し、論理的に考える力が求められています。当校の推理分野の問題は、短い時間で答えなければならないという点でも、さらに難しくなっているといえるでしょう。本問のように条件指示のある問題では、指示された条件で考えることを優先させます。問題22-1では、「○→△→□」の順に進める方の道を選んでいけば、結果的にゴールにたどり着けます。問題22-2についても同様に考えてください。あまり難しく考えず「お約束を先に考える」ことだけを、しっかりと守らせるようにしてください。推理分野の学習では、小学校入学後の学習に活きる思考力を養うことができます。ご家庭で指導する場合にも、テクニックに頼らず、保護者の方が基本的な考え方を理解した上で、お子さまによく考えさせることを大切にしてください。

【おすすめ問題集】
Ｊｒ・ウォッチャー７「迷路」、
私立小学校入試セレクト問題集 NEWウォッチャーズ推理編①②

問題24　分野：運動（準備運動）

聞く

〈準備〉　なし

〈問題〉　この問題の絵はありません。
今から準備体操をします。私(出題者)と同じように、体を動かしてください。

私と同じ動作をしてください。
①しゃがむ、膝を伸ばす、膝の屈伸
②体を前に倒す前屈、うしろに反らせる後屈
ここからは、私のポーズをまねしてください。
③両腕を横に広げて、片足で立ちましょう。少ししたら、反対側の足に変えてください。
④飛行機のポーズで、片足で立ちましょう（片足で立ち、両手を広げて体は前に倒し、あげている方の足は後ろへ）。
⑤お相撲さんのように膝を曲げて立ちましょう。そのままの姿勢で、右や左に動いてみてください。
⑥では最後に、好きなポーズをしてみてください。

〈時間〉　適宜

〈解答〉　省略

［2019年度出題］

学習のポイント

当校の２次試験では運動テストが行われます。本問はその前に行われる準備体操です。受験者への評価はすでに始まっているので、準備だからと安心せず、１つひとつの行動に注意を払いながら進めてください。準備体操は、練習すればできるものばかりですが、出題者である先生が指示された動きと同じ動きをすることが大切です。余計な動きや自分勝手な動作をすれば、評価を下げてしまうかもしれません。そうした失敗を避けるためにも、日頃から、人の話を聞き、ルールを守って行動するよう指導してください。

【おすすめ問題集】
運動テスト問題集、Ｊｒ・ウォッチャー28「運動」

問題25　分野：行動観察（グループ活動）

聞く　協調

〈準備〉　鬼の面をペットボトルに貼ったもの（３個～６個）、お手玉（30個程度）

〈問題〉　この問題は絵を参考にしてください。
（10名程度のグループを作る）
今から的あてゲームをします。
箱のなかのお手玉を２つ持って、線が引いてあるところまで走ります。線のところから鬼に向かってお手玉を投げます。２つ投げたら、次の人にバトンタッチします。先に３匹の鬼を倒したチームの勝ちです。それでは始めてください。

〈時間〉　適宜

〈解答〉　省略

［2019年度出題］

学習のポイント

グループに分かれての行動観察では、課題のはじまりから終了までの一連の行動が観られています。指示をよく聞いて積極的に参加し、元気よく楽しく取り組んでください。本問はグループで競争をする形式ですが、勝敗は合否に影響しません。自分のグループが勝つために、お友だちに応援の声をかけたり、上手く的に当てるために投げ方を工夫したりといった振る舞いが評価されます。このような振る舞いが自然にできて、そこからお子さま自身のよさが伝わることが望ましいところです。ふだんからお友だちとの関わりを通して学び、考え、あたりまえのものとして身に付けましょう。

【おすすめ問題集】
Ｊｒ・ウォッチャー29「行動観察」

問題26　分野：制作

聞く　協調

〈準備〉　画用紙、のり、ビニール袋、机、折り紙、モール、クレヨン

〈問題〉　この問題の絵はありません。
（準備した材料を渡す。この問題は、20人程度のグループで行う）
①今から公園へ遊びに行きます。公園で遊ぶものを、渡した材料で作ります。
（画用紙を１枚ずつ渡す）
②今渡した画用紙を丸め、端をのりで貼って筒を作ります。できたら、前の机の上にある材料の中から好きなものを選んで、遊ぶものを作ってください。
（上記制作が終わったら）
③できたら、ビニール袋の中にゴミを入れて先生に渡してください。できたものは机の上に並べて、ほかのお友だちが作り終わるのを待ちましょう。
（全員ができたら）
④それでは公園に遊びに行きましょう。そこで何をして遊ぶのか、グループのみんなで相談して決めましょう。

〈時間〉　適宜

〈解答〉　省略

［2019年度出題］

学習のポイント

制作するものを自分で考え、作ったものを使ってみんなで遊ぶ課題です。与えられる材料が少ない中で、作るものを考える点から想像力と創造力の双方が観られ、グループ遊びからは積極性や協調性が観られています。当校の場合、課題をそつなくこなすだけでは合格水準に達しません。本問の場合、ただ作るだけでなく、公園でどのように遊ぶのかを思い浮かべられるかどうかが合否のラインでしょう。また、それを言葉にして伝えることも重要です。お子さまが自信をもって表現できるよう、日頃から保護者の方が声かけを心がけてください。

【おすすめ問題集】
Ｊｒ・ウォッチャー22「想像画」、23「切る・貼る・塗る」
実践 ゆびさきトレーニング①②③

問題27　分野：お話の記憶

集中　聞く

〈準 備〉　クレヨン

〈問 題〉　これからお話をしますので、よく聞いてください。

ようこさんは、お兄ちゃんとお父さんといっしょにおばあちゃんの家へ遊びにいきます。ようこさんたちはお父さんの運転する車に乗って、おばあちゃんの家へ出発しました。「おばあちゃんの家についたら、何をして遊ぼうかな」ようこさんは、ワクワクしながら考えていました。おばあちゃんの家につくと、おばあちゃんがお昼ご飯を用意して待っていました。おばあちゃんは「みんなよく来たね。たくさんお食べなさい」と言いました。おばあちゃんが用意してくれたトウモロコシとサンドイッチを食べて、ようこさんはおなかがいっぱいです。お兄ちゃんは、「おばあちゃんの家の裏には、大きな林があるんだ。そこで虫捕りをしようよ」といいました。でも、ようこさんは林へ行くのが少し怖かったので、「わたしは田んぼが見たいな」と言いました。お兄ちゃんと一緒に田んぼへ行くと、稲が大きな実をつけていました。もうすぐ収穫の時期です。まわりを見回すと、トンボがたくさん飛んでいました。お兄ちゃんが網を使ってトンボをつかまえました。ようこさんは、お兄ちゃんがつかまえたトンボを、おそるおそる手で持ってみました。するとトンボがバタバタ暴れたので、びっくりして手を放してしまいました。「あーあ逃げちゃった」と言って、ようこさんはトンボの飛んでいく方をずっと見ていました。

（問題27の絵を渡す）
①おばあちゃんの家に行ったのは誰ですか。選んで赤い○をつけてください。
②ようこさんたちがお昼に食べたものに青い○をつけてください。
③ようこさんとお兄ちゃんは、どこへ遊びに行きましたか。選んで黒い○をつけてください。
④お兄ちゃんがつかまえた虫に黄色い○をつけてください。

〈時 間〉　各15秒

〈解 答〉　①左から２番目　②左端・右から２番目　③左端　④左から２番目

［2018年度出題］

学習のポイント

お話の記憶の問題では、男女で別のお話が用意されています。お話の長さや難しさに大きな違いはありません。登場人物と場面ごとのできごとをつかみ、その上で細かい部分に気を配って聞き取る力が要求されています。一度でお話を聞き取る力を身に付けるためには、読み聞かせ・聞き取りの練習を繰り返すことが大切です。その際には、さまざまなお話を用意して、聞き取りの練習が単調にならないよう工夫してください。また、お話を読み聞かせた後に、内容をつかめているかどうかを質問する習慣を付けると、集中して聞き取る姿勢も身に付きます。

【おすすめ問題集】

１話５分の読み聞かせお話集①②、入試実践編①
お話の記憶　中級編・上級編、ウォッチャーズアレンジ③～記憶力UP編～

問題28　分野：お話の記憶

集中　聞く

〈準　備〉　クレヨン

〈問　題〉　これからお話をしますので、よく聞いてください。

夏休みのある日、まことくんはお父さんと一緒に海へ行きました。まことくんはＴシャツを着てつりざおを手に持ち、半ズボンを履いていました。お父さんはえりのついたシャツを着て、かっこいいサングラスをかけ、長ズボンを履いていました。海までは電車に乗っていきました。電車の窓から外を見ると、海にはたくさんのヨットが浮かんでいました。まことくんは、大きくなったらヨットに乗って旅をしたいと思いました。海に着くと、天気がよく、暑かったので、まことくんとお父さんは海で泳ぐことにしました。「水が冷たくて気持ちいいね」。泳げるようになったまことくんは、お父さんといっしょにたくさん泳ぎました。「そろそろ魚つりをしよう」とお父さんが言い、２人は泳ぐのをやめて、魚つりを始めました。まことくんは小さな魚を１匹つりました。お父さんは大きな魚を１匹と、小さな魚を２匹つりました。たくさん魚がつれたので、２人はお家へ帰ることにしました。帰りの電車の中で、お父さんが「大きい魚がつれたね。お母さんも喜ぶね」と言いました。まことくんも、お母さんが喜ぶだろうと思いました。

（問題28の絵を渡す）

①まことくんとお父さんはどのような格好で海に行きましたか。正しいものに○をつけてください。

②まことくんとお父さんは何に乗って海に行きましたか。選んで○をつけてください。

③まことくんがはじめに海でしたことに○を、次にしたことに△をつけてください。

④まことくんとお父さんは、お魚を２人で何匹つりましたか。つったお魚の数だけ、○に色を塗ってください。

〈時　間〉　各15秒

〈解　答〉　①左から２番目　②右から２番目
③○：右から２番目　△：右端　④４つ

［2018年度出題］

学習のポイント

お話の記憶の問題は、繰り返しの練習が大切です。基本に慣れたら、次は本番に近い条件で練習してみましょう。試験の当日は、ふだんとは違う不慣れな場所で試験を受けなければなりません。試験が近くなったら、本番で慌ててしまわないように、練習方法を工夫してみましょう。方法としては読み手を変える、読み方を変えう、音声を録音してから聞かせる、練習場所を変えてみる、などがあります。お話をアレンジして、質問を変えたり複雑にしたりするのも良いでしょう。さまざまな練習を通して、「一度でしっかりと聞き取る」力を身に付けてください。

【おすすめ問題集】

１話５分の読み聞かせお話集①②、入試実践編①

お話の記憶　初級編・中級編・上級編、Ｊｒ・ウォッチャー19「お話の記憶」

問題29　分野：図形（パズル）

集中　観察

〈準備〉　あらかじめ問題29-1の絵を線に沿って切り離しておく。

〈問題〉　（切り離したパズルと問題29-2の絵を渡す）ここに9枚のパズルがあります。この中からパズルを6枚選んで絵を作ってください。絵ができたら、使わなかったパズルを教えてください。

〈時間〉　1分

〈解答〉　省略

［2018年度出題］

学習のポイント

用意されたパズルを使って絵を作り、その際に使用しなかったピースを答える問題です。パズルを作る際には、全体を見渡してある程度の完成予想図を思い浮かべることと、特定の部品に注目して、ほかとのつながりを見つけることを意識して練習するとよいでしょう。図形を認識して完成図を予想することは、いきなりではなく、何度も練習して身に付けることです。日常の練習の際にも、パズルが上手くできた時に、「どのように考えたの？」と聞いてみて、考え方を確認してください。

【おすすめ問題集】

Ｊｒ・ウォッチャー３「パズル」、59「欠所補完」

問題30　分野：常識（生活習慣）

知識　聞く

〈準備〉　クレヨン

〈問題〉　（問題30-1の絵を渡す）
絵を見てください。
①この中から、料理に使うものに○をつけてください。
②この中から、音を鳴らすのに使うものに×をつけてください。
（問題30-2の絵を渡す）
絵を見てください。
③この中から、掃除に使うものに○をつけてください。
④この中から、雨の日に外で使うものに×をつけてください。

〈時間〉　各1分

〈解答〉　下図参照

［2018年度出題］

学習のポイント

身のまわりにある道具についての問題です。それぞれの道具の名前を、用途と併せて理解できているかどうかが観点となっています。単に名前を覚えるだけでなく、どんな時に、どのように使うのかを関連付けて覚えるようにしてください。本問に出ている道具の中には、最近ではご家庭にないものも増えてきてます。スーパーやお店に出かける機会を利用して、道具を見たり、覚えたりしていくとよいでしょう。また、それぞれの道具にもさまざまなデザインがあります。スーパーやお店の店頭で何種類かを見比べると、標準的なものを知ることができます。

【おすすめ問題集】
Ｊｒ・ウォッチャー11「いろいろな仲間」、「日常生活」

問題31　分野：図形（四方からの観察）

集中　観察

〈準　備〉　クレヨン、積み木（立方体、11個）

〈問　題〉　（積み木を問題31-１の絵のように積む。その後、問題31-２の絵を渡す）
絵の中に１つだけ、机の上に置いてある積み木をどの方向から見ても見えない組み方をした積み木があります。その絵に赤い○をつけてください。

〈時　間〉　30秒

〈解　答〉　右下

［2018年度出題］

学習のポイント

積み木を利用した問題は、当校では例年パターンを変えながら出題されています。本問には選択肢が６つあるので、四方だけでなく、真上から見た時の形も考えなければいけません。この分野の問題では、それぞれの方向からの立体の見え方を理解できるまで、具体物を使って繰り返し練習をすることが基本です。また、実際の試験では、お手本をイラストで示す場合もあるので、平面に描かれた立体図と、実物との関係をつかむこともポイントになります。ふだんの練習の際には、積み木と平面図の両方を用意し、「図の通りに置く」「置かれた立体と同じ図を選ぶ」などの練習を繰り返し、両者の関係を正確に把握できるように練習をしてください。

【おすすめ問題集】
Ｊｒ・ウォッチャー10「四方からの観察」、16「積み木」
53「四方からの観察　積み木編」

問題32　分野：図形（重ね図形）

集中 観察

〈準備〉　クレヨン

〈問題〉　（問題32の絵を渡す）左の四角の中の２つの形を回転させたりせずにそのまま重ねると、どのような形になりますか。右の４つの中からさがして、○をつけてください。

〈時間〉　各30秒

〈解答〉　①右端　②左端　③左から２番目　④右端

［2018年度出題］

学習のポイント

図形が描かれた２枚の透明な紙を重ねる問題です。当校ではこの分野の問題が過去に何度か出題されていますので、基本的な解き方を理解しておきましょう。まず、左側の図形の特徴的な部分に注目し、それが選択肢の中にあるかどうかを確認します。次に、右側の図形についても同様に行なうと、答えが見かります。クリアファイルなどを利用して、実際に図形を重ねてみる練習がおすすめです。当校の図形分野の問題は、正確さとスピードの両立がポイントになりますので、図形を見るたびに、その場で点検して確認する習慣を付けてミスをなくし、スピードを上げていくことが必要です。

【おすすめ問題集】

Ｊｒ．ウォッチャー35「重ね図形」

問題33　分野：推理（時間の流れ）

集中 考え

〈準備〉　クレヨン

〈問題〉　ここにある４枚の絵を、１つのお話になるよう順番通りに並べます。左上の絵はおばあさんが喜んで電車から出ていく様子です。２番目の絵には○を、３番目の絵には△を描いてください。

〈時間〉　１分

〈解答〉　○：右上　△：左下

［2018年度出題］

学習のポイント

４枚の絵を見てお話の流れを考える問題です。左上の絵をヒントに、ストーリーが感じられるポイントを見つけることができれば、それほど難しくはありません。４枚の絵を漠然と見るのではなく、絵の順番を論理的に考える力が観られています。入試の分野では「時間の流れ」になりますが、難しさはお子さまの体験によって大きく変わります。ふだんからお年寄りなどに席を譲っているご家庭なら、特に考えることもなく解くことができるでしょう。そうでない場合は、知識に頼るほかありません。

【おすすめ問題集】

Ｊｒ・ウォッチャー20「見る記憶・聴く記憶」、21「お話作り」

問題34　分野：運動（サーキット）

集中　聞く

〈準備〉　コーン、ビニールテープ、スポンジ棒や棒状の細長いもの３本（筒状に丸めた新聞紙など）

〈問題〉　この問題は絵を参考にしてください。
①スタートからコーンまで走って、コーンのまわりを１周してください。
②マットの上を、いもむしごろごろで進んでください。
③川（線）のところまでクマ歩きで進んでください。川についたら、飛び越えましょう。
④箱の中にある３本の棒を、思いきり投げてください。
⑤ゴールまで来たら、気をつけの姿勢で待っていてください。

〈時間〉　適宜

〈解答〉　省略

［2018年度出題］

学習のポイント

小学校生活の各所では、年齢相応の運動能力が求められます。そのため、多くの学校では入試に運動テストを取り入れています。評価の対象となるのは、体力や運動能力だけではありません。先生の指示を聞き、正しく理解することができるか、それをすぐに行動に移すことができるかといった点が観られるほか、ふざけずにまじめに取り組むか、できなくてもあきらめずに続けられるかといった、取り組む姿勢も評価の対象となります。これらのことは、口頭での指導だけで身に付くものではありません。ふだんの実生活の中で、また、お友だちと遊ぶ中で、さまざまな経験を通してお子さまが自分で身に付けていけるようにしてください。

【おすすめ問題集】
新運動テスト問題集、Ｊｒ・ウォッチャー28「運動」

問題35　分野：行動観察（グループ活動）

聞く　協調

〈準備〉　大きなタオル、大きめの積み木（または箱や段ボール）、フープ、ビニールテープ

〈問題〉　この問題は絵を参考にしてください。
私が「はじめ」と言ったら始めてください。
２人１組になって、大きなタオルのあるところまで走ります。大きなタオルの両端を２人で持ち、タオルの上に積み木を乗せて運びます。フープのところまで運んだら、フープの中に積み上げて、タオルを元の位置にもどし、コーンのところまで戻って、次のチームとバトンタッチします。これを、「やめ」というまで続けてください。積み木を落としてしまった場合は、その位置からやり直してください。それでは始めてください。

〈時間〉　適宜

〈解答〉　省略

［2018年度出題］

学習のポイント

２人１組で行うグループ活動です。説明を聞くと簡単に思えるかもしれませんが、実際にしてみると、２人の息を合わせて進めるのが難しいかもしれません。この問題では、はじめて会うお友だちと協力できることや、自分勝手に急いでしまわないよう相手を気遣うこと、年齢相応にコミュニケーションをはかることも要求されています。こうした力は、ふだんの生活でも身に付けることができます。ご家庭でのお手伝いやお友だちとの遊びを通じて、相手と協力することの大切さを理解していくとよいでしょう。

【おすすめ問題集】

Ｊｒ・ウォッチャー29「行動観察」

問題36　分野：制作・行動観察・口頭試問

集中　観察

〈準 備〉　色画用紙（５色程度）、スティックのり、クレヨン、モール（５色程度）、紐、ハサミ、セロテープ、紙コップ、大きい段ボール

〈問 題〉　この問題の絵はありません。

（準備した材料を渡す。この問題は、20人程度のグループで行う）

①今からジャングルに出発します。ジャングルには、「望遠鏡」「カメラ」「お弁当」のうち１つだけ持って行くことができます。好きなものを選んで、渡した材料で作ってください。

（上記制作が終わったら）

②５人１組のグループを組みます。みんなで相談して、段ボールの箱に飾りつけをして、バスを作ってください。

③バスができたら、ジャングルに出発です。そこで何をして遊ぶのか、グループで相談して決めましょう。

〈時 間〉　20分程度

〈解 答〉　省略

［2018年度出題］

学習のポイント

制作の課題では、ハサミやのりなどの道具の使い方が身に付いていることが必須です。その上で、与えらえた材料で、自分の作りたいものをどうやって表現するのかが問われます。身近にある道具を使って、どのようなものが作れるのかを考えてみましょう。グループ活動では、自分だけでなく、ほかの受験者の意見を聞き、相談して進めなければいけません。日頃から、集団の中での役割や振る舞いを考える機会を大切にしてください。当校の制作問題では、作業中に先生が子どもに質問をします。工作に夢中になって返事を忘れないよう注意しましょう。また、終わった後の片付けも観られています。材料は１か所にまとめ、道具はきちんと並べて返すようにしましょう。

【おすすめ問題集】

実践 ゆびさきトレーニング①②③、

Ｊｒ・ウォッチャー23「切る・貼る・塗る」、29「行動観察」

問題10

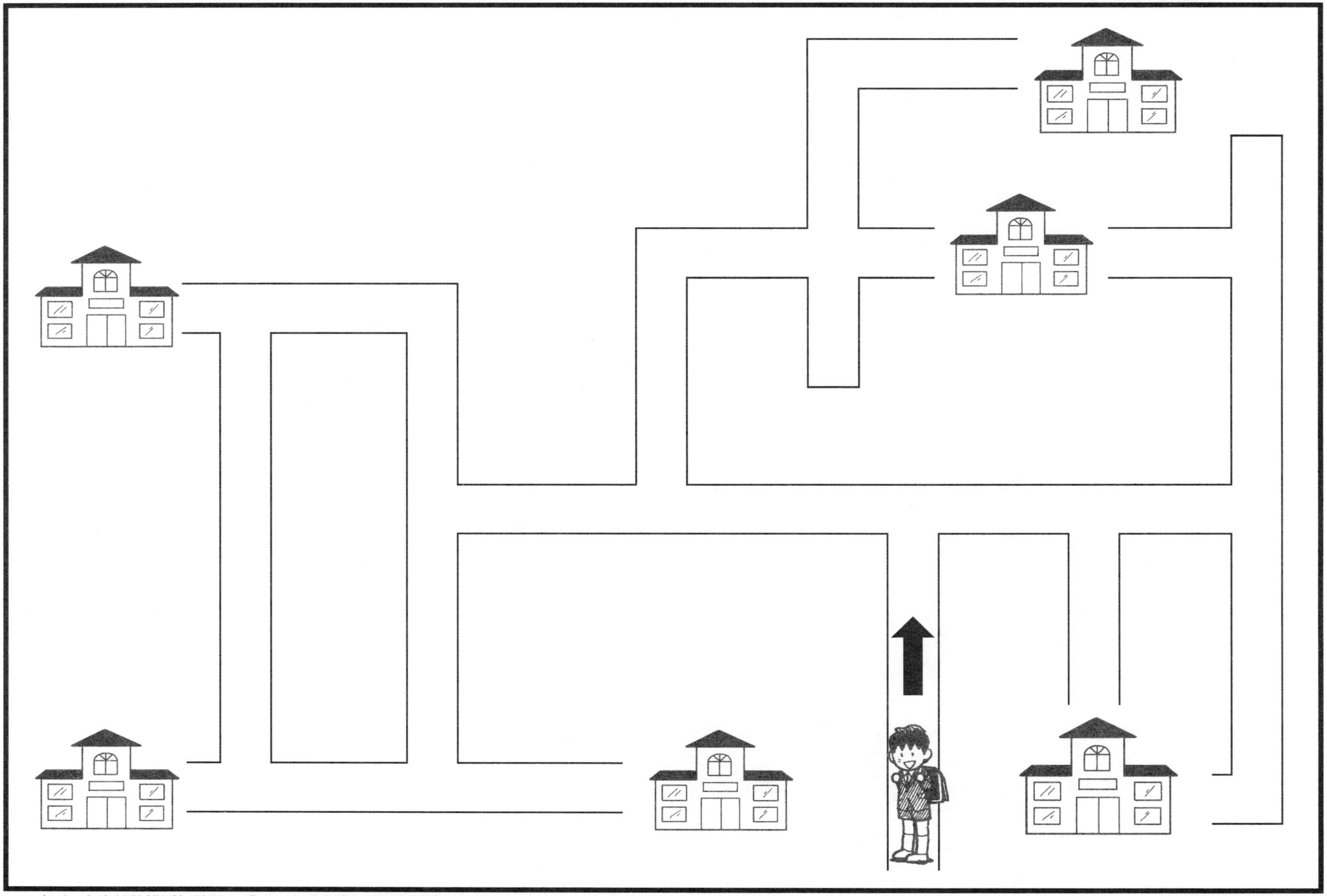

2022年度 慶應義塾横浜初等部 過去 無断複製／転載を禁ずる 日本学習図書株式会社

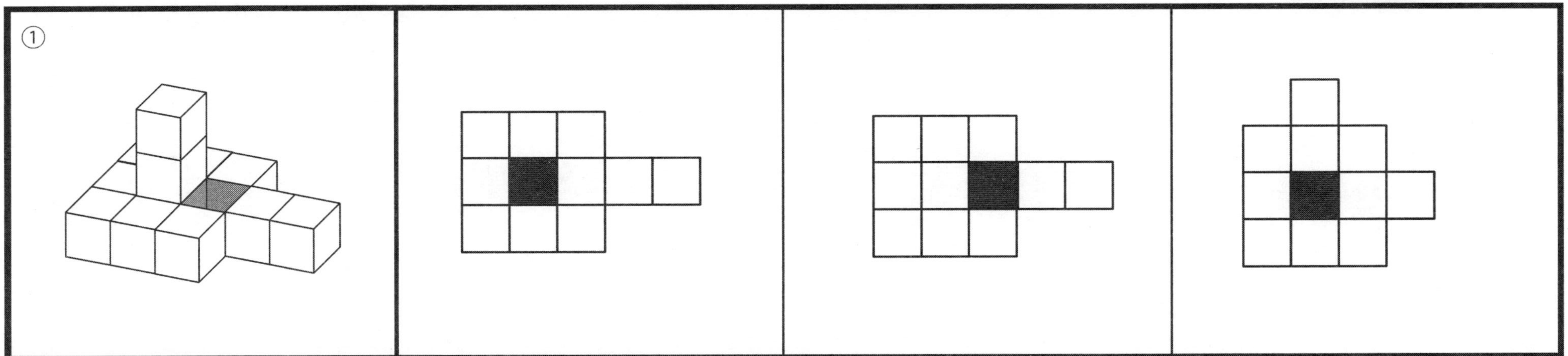

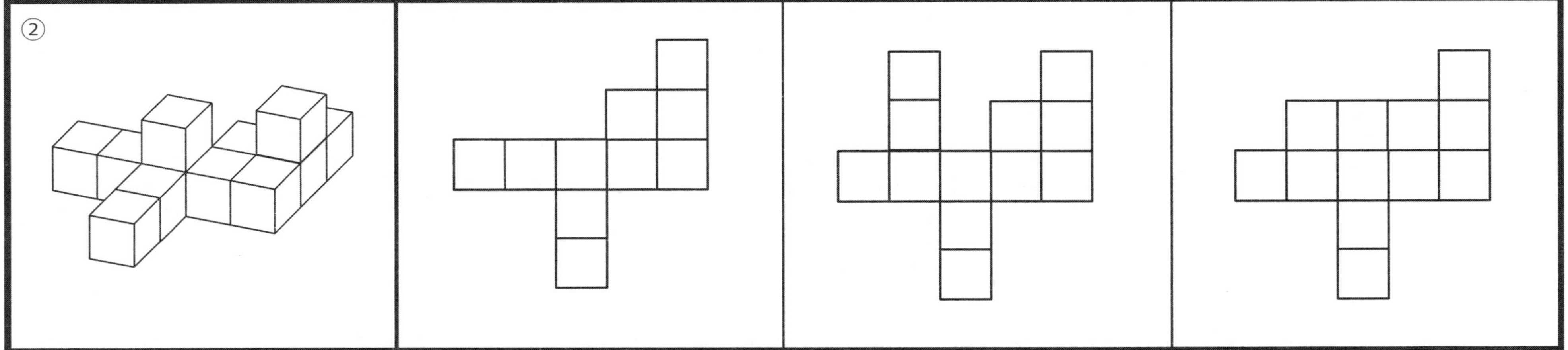

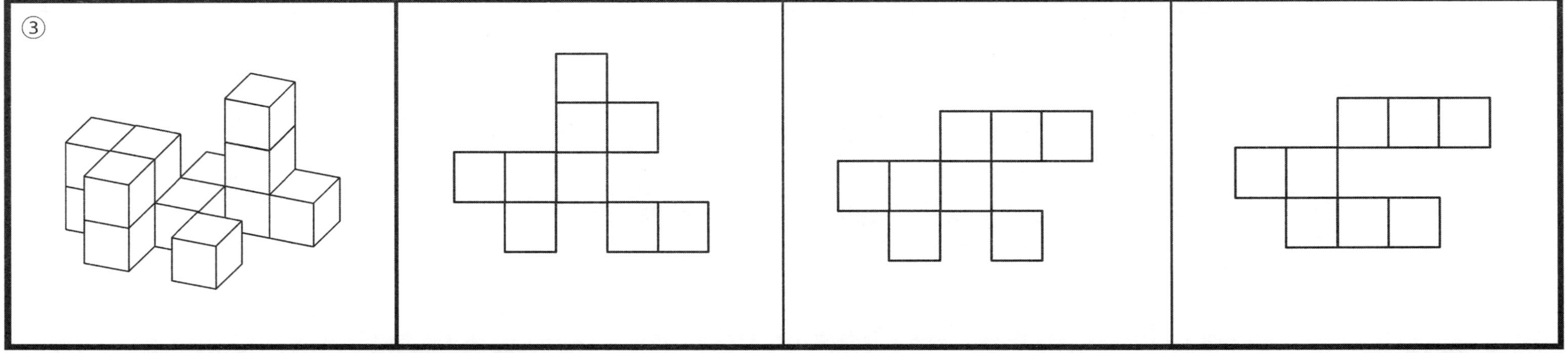

問題１２

①

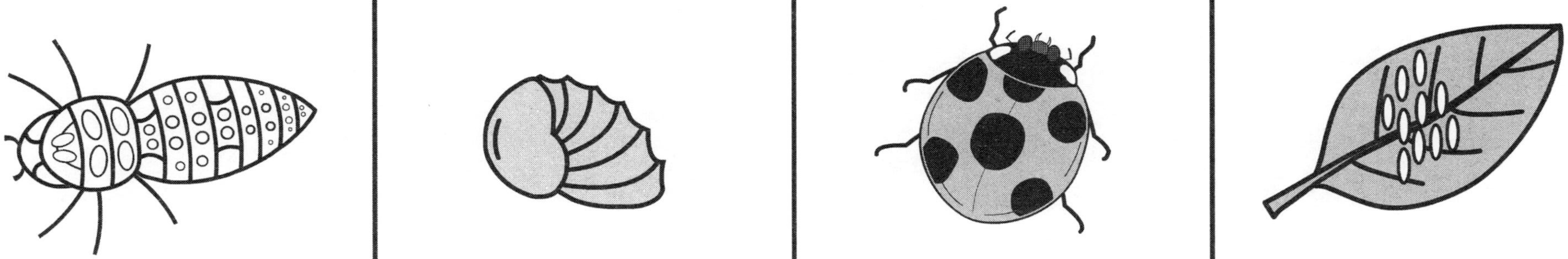

②

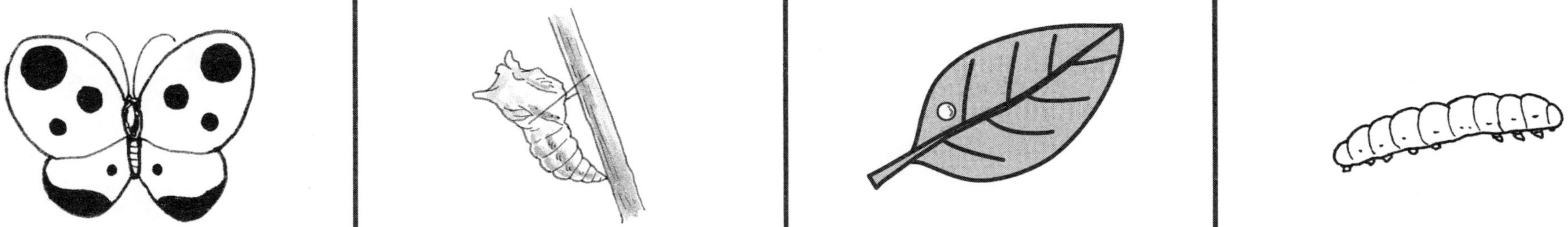

③

2022 年度　慶應義塾横浜初等部　過去　無断複製／転載を禁ずる

日本学習図書株式会社

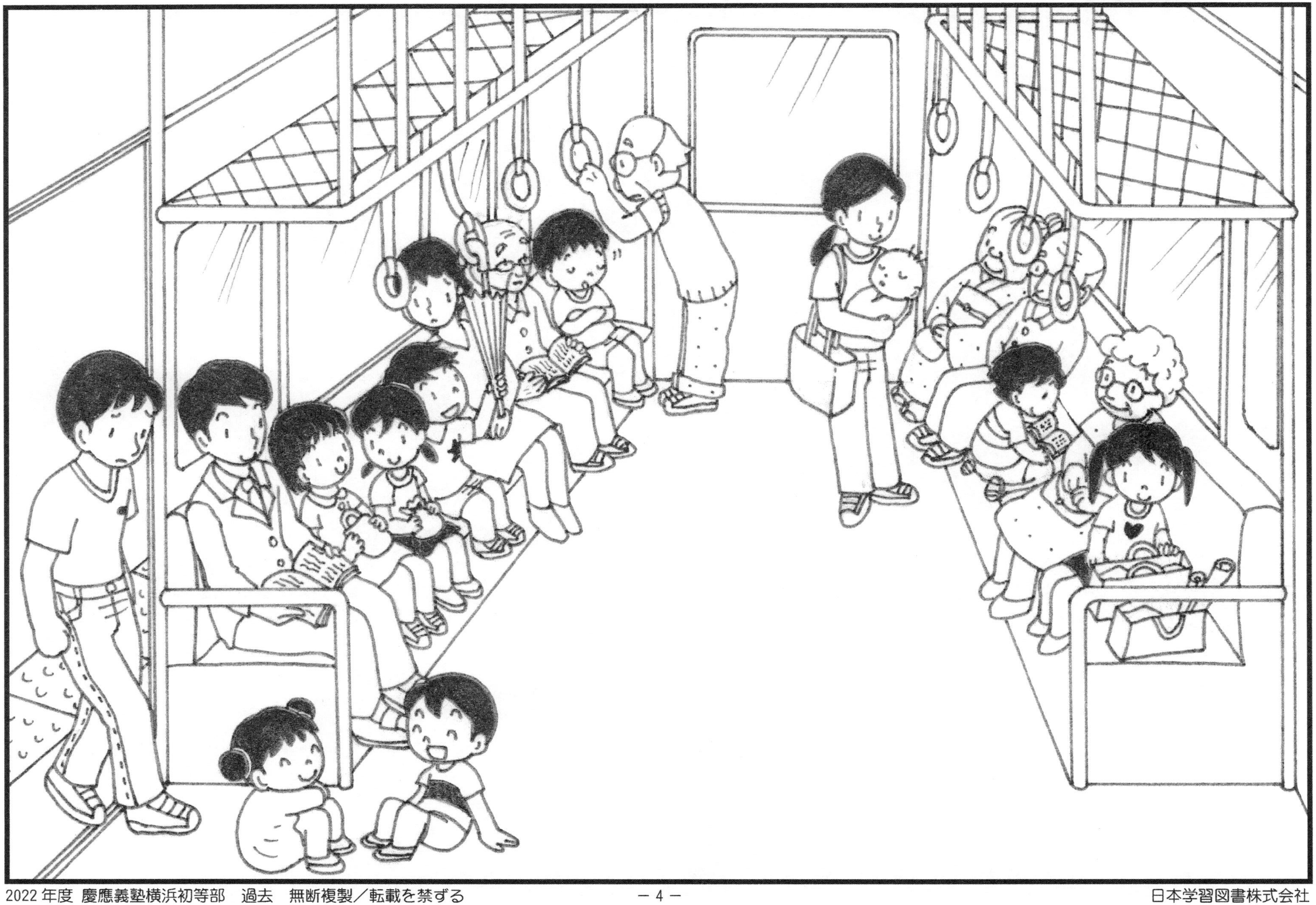

問題１４

①

②

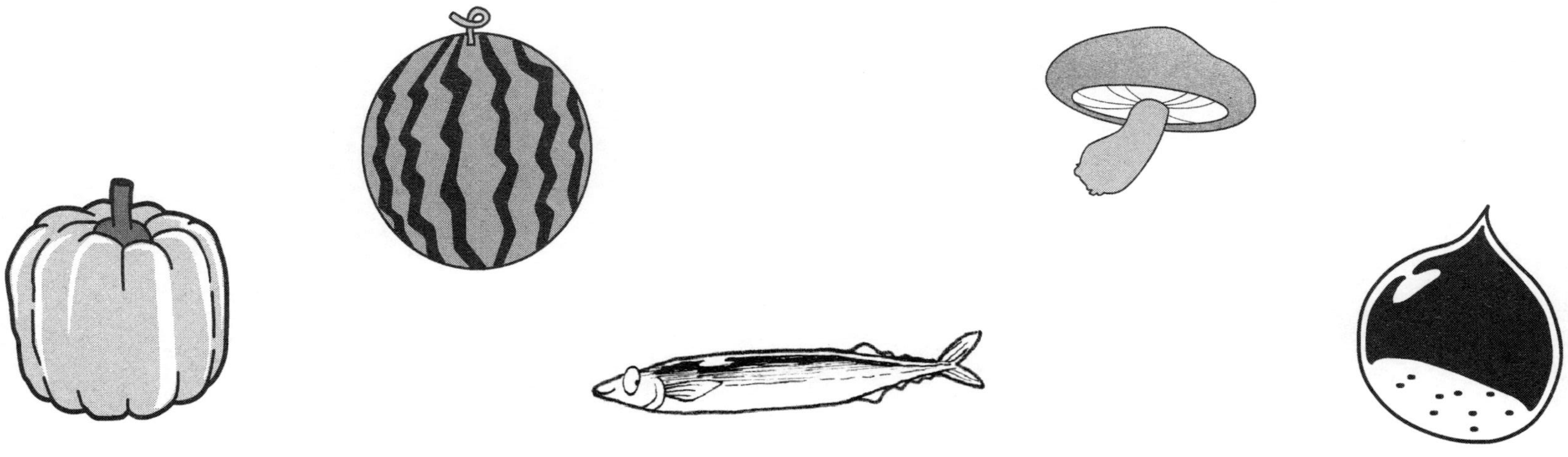

2022年度　慶應義塾横浜初等部　過去　無断複製／転載を禁ずる　日本学習図書株式会社

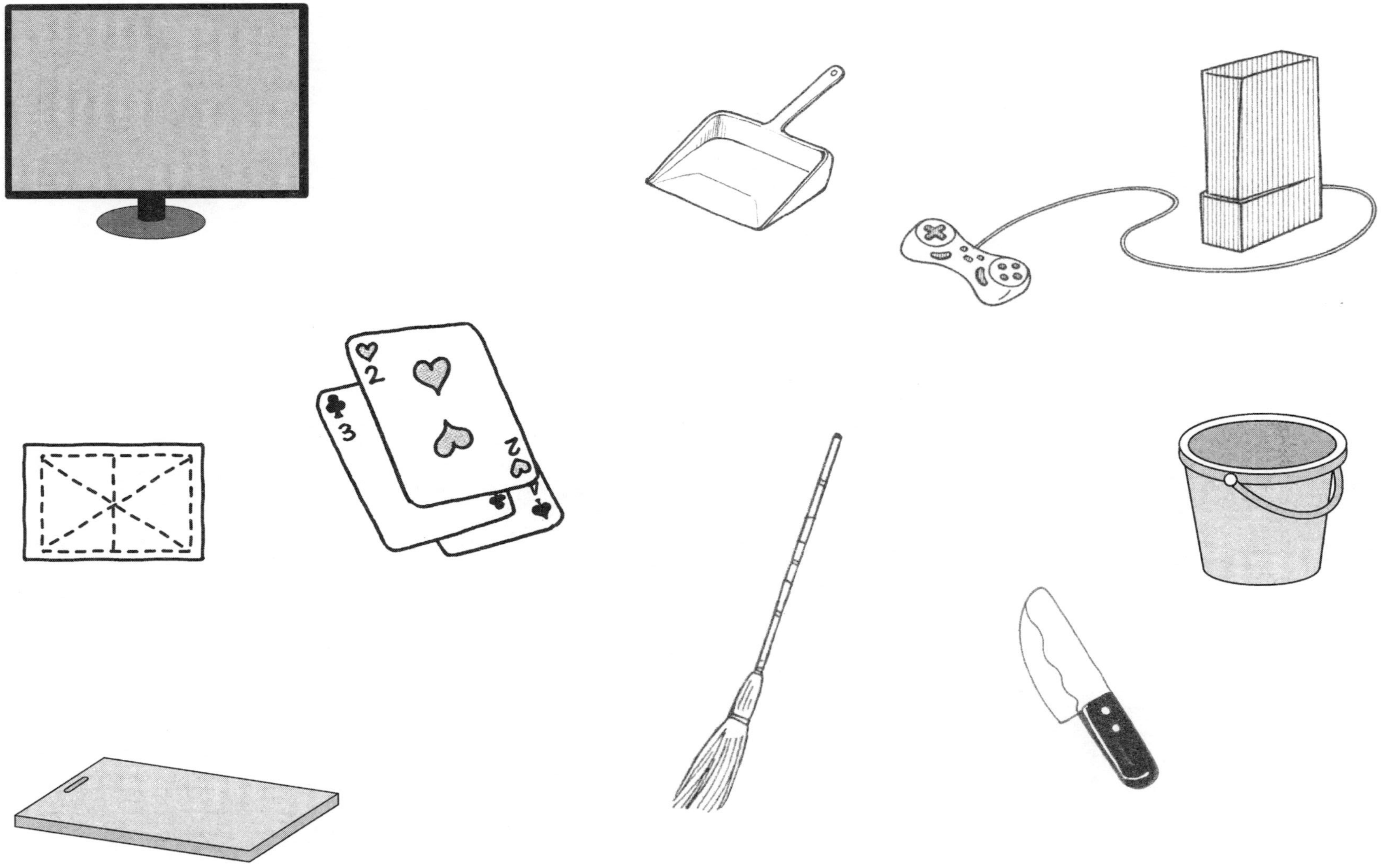

問題１９

①

②

③

④

日本学習図書株式会社

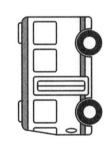

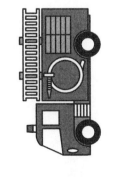

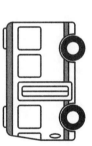

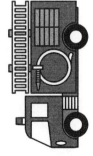

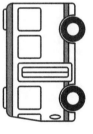

問題２０

①

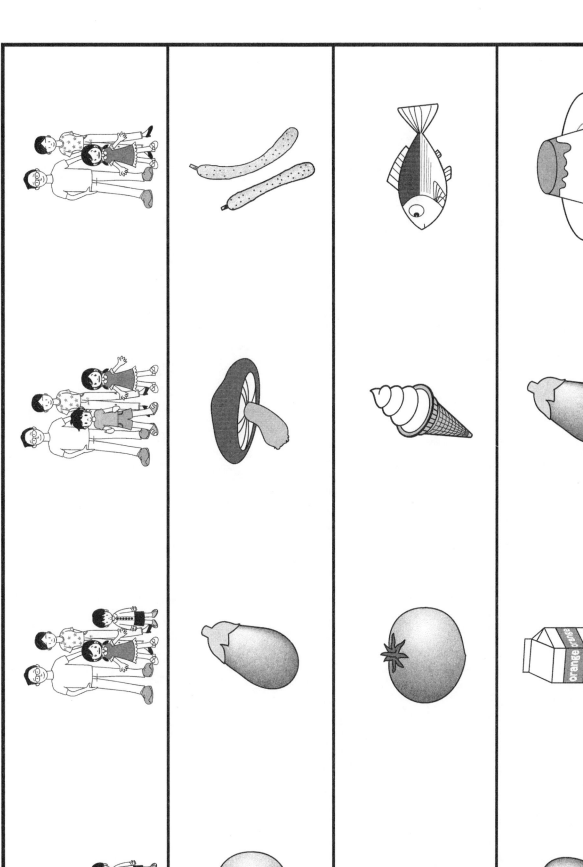

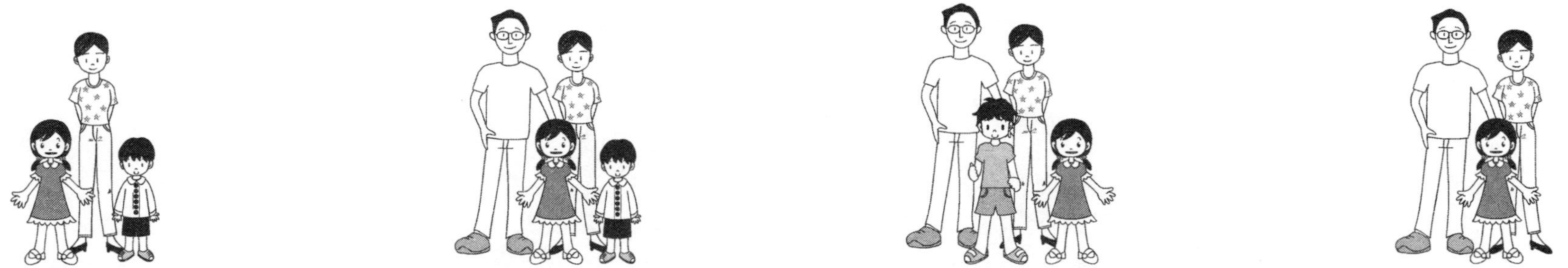

②

③

④

問題21

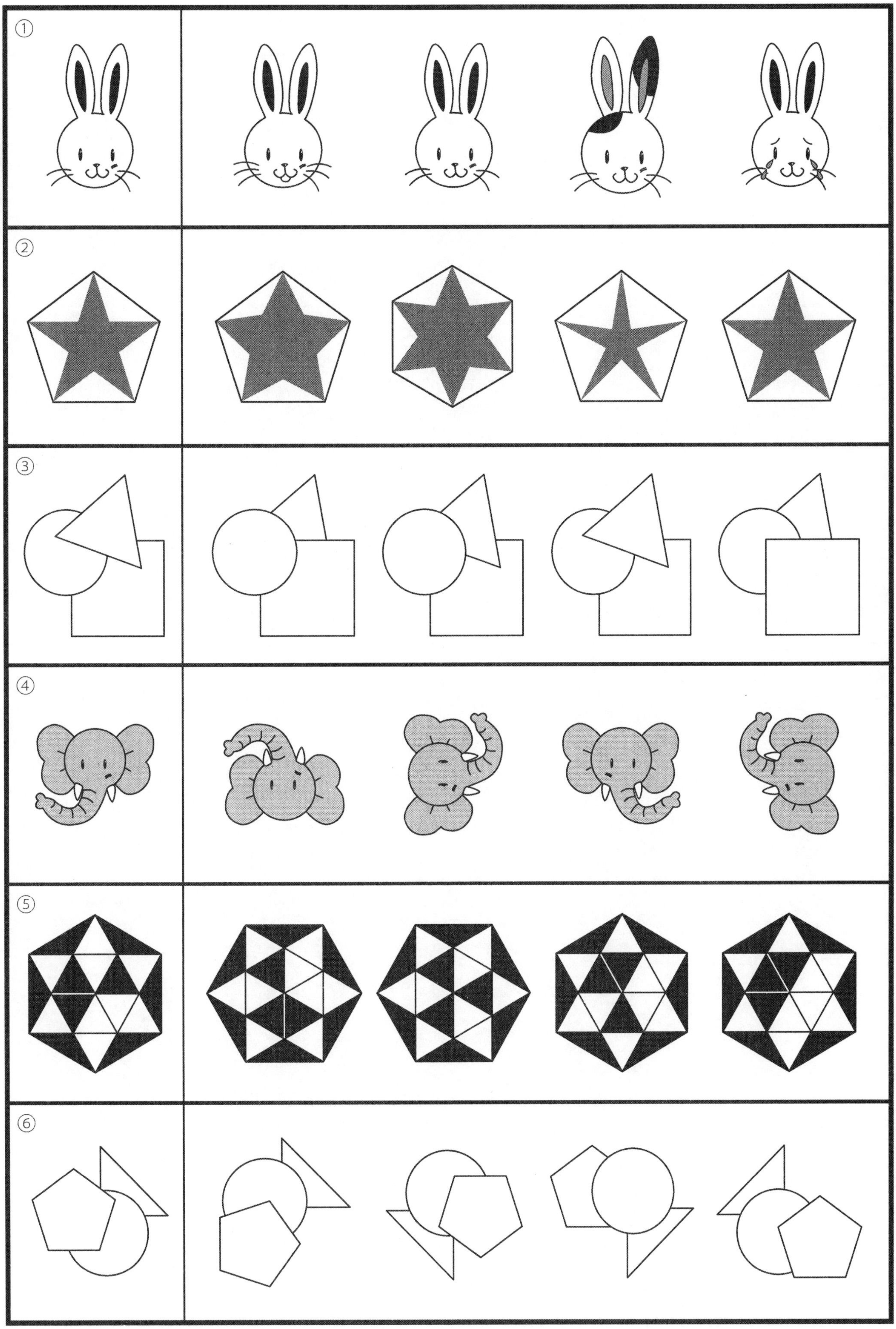

問題２２

2022 年度　慶應義塾横浜初等部　過去　無断複製／転載を禁ずる　　　　　日本学習図書株式会社

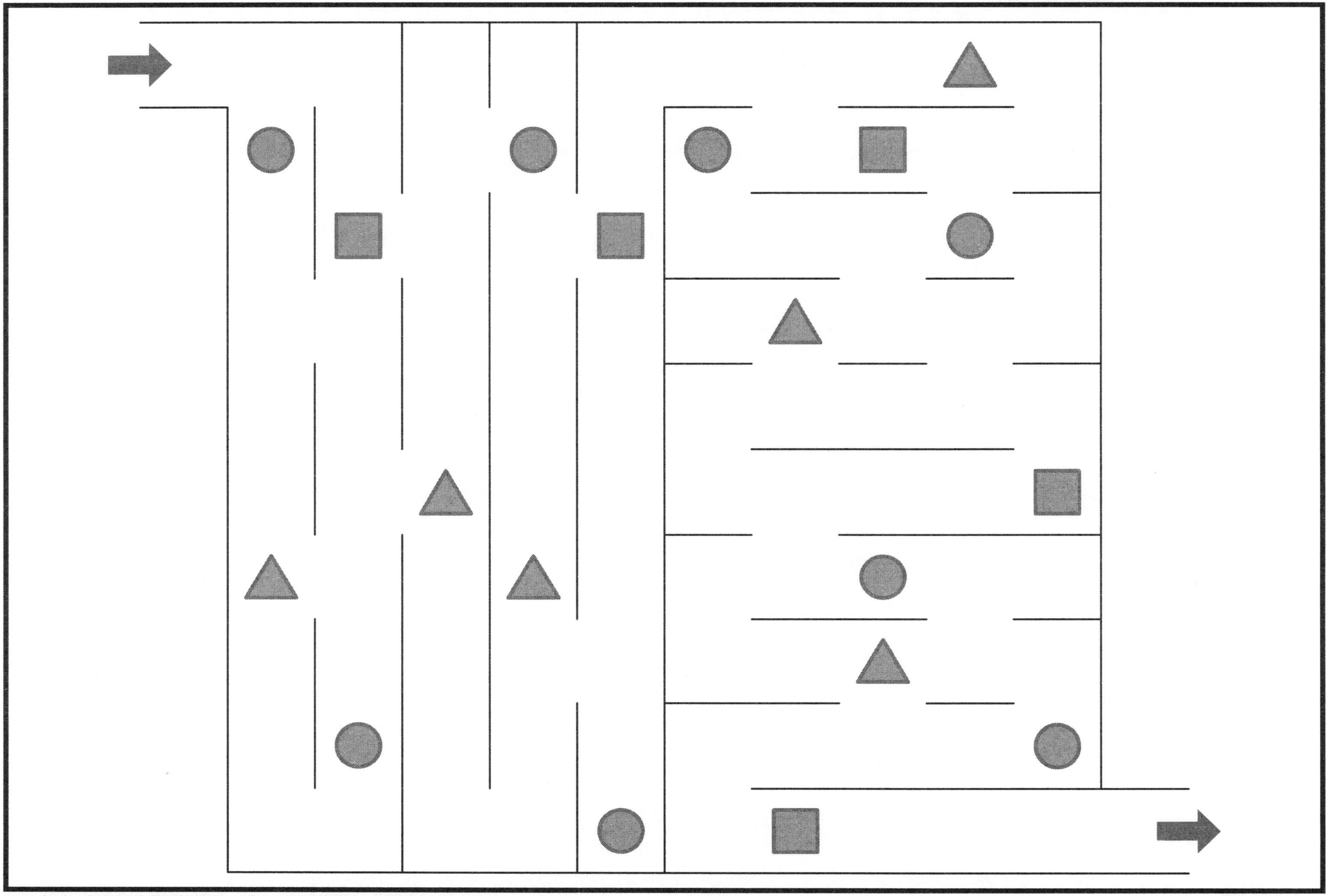

問題２３－２

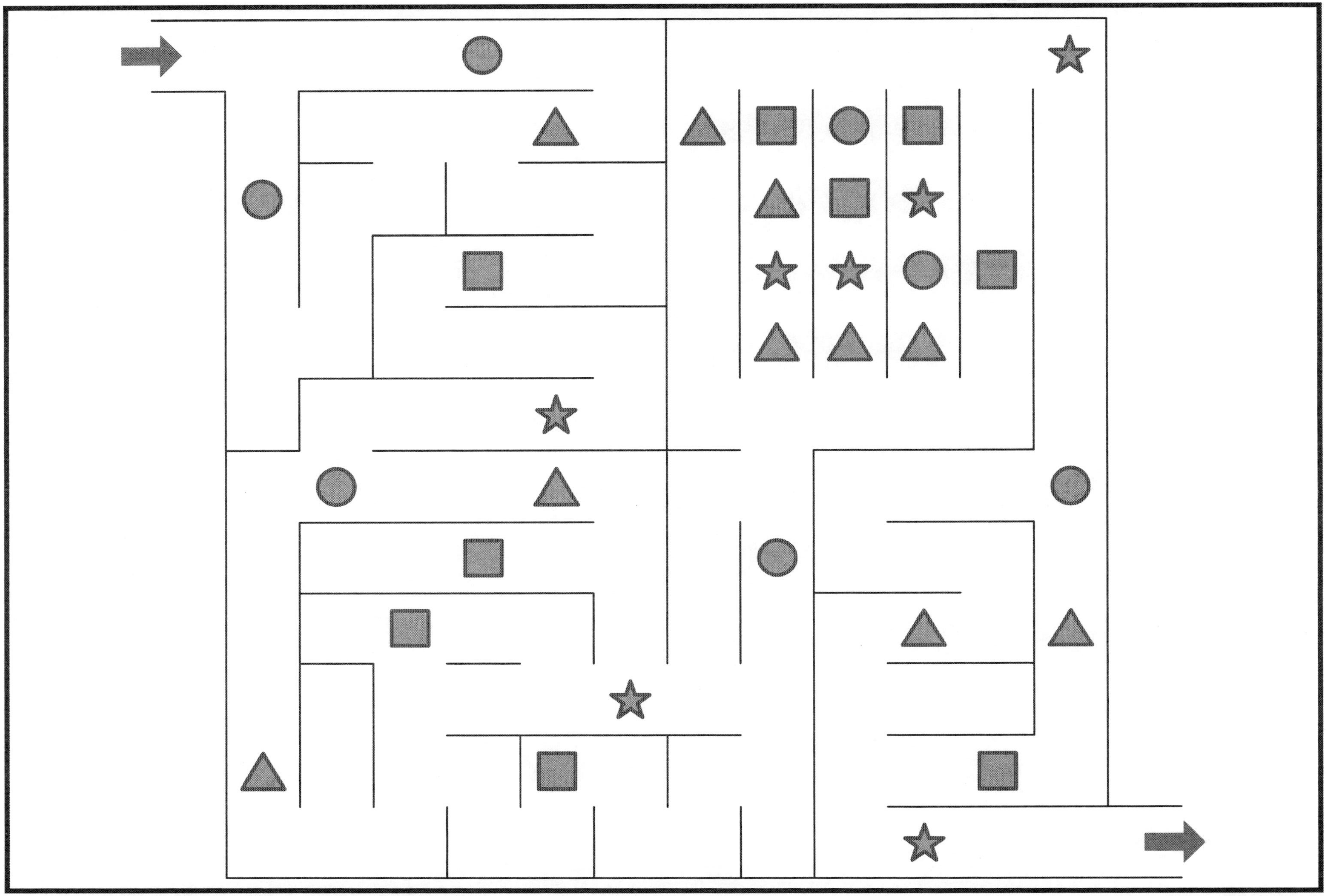

2022 年度 慶應義塾横浜初等部 過去 無断複製／転載を禁ずる 日本学習図書株式会社

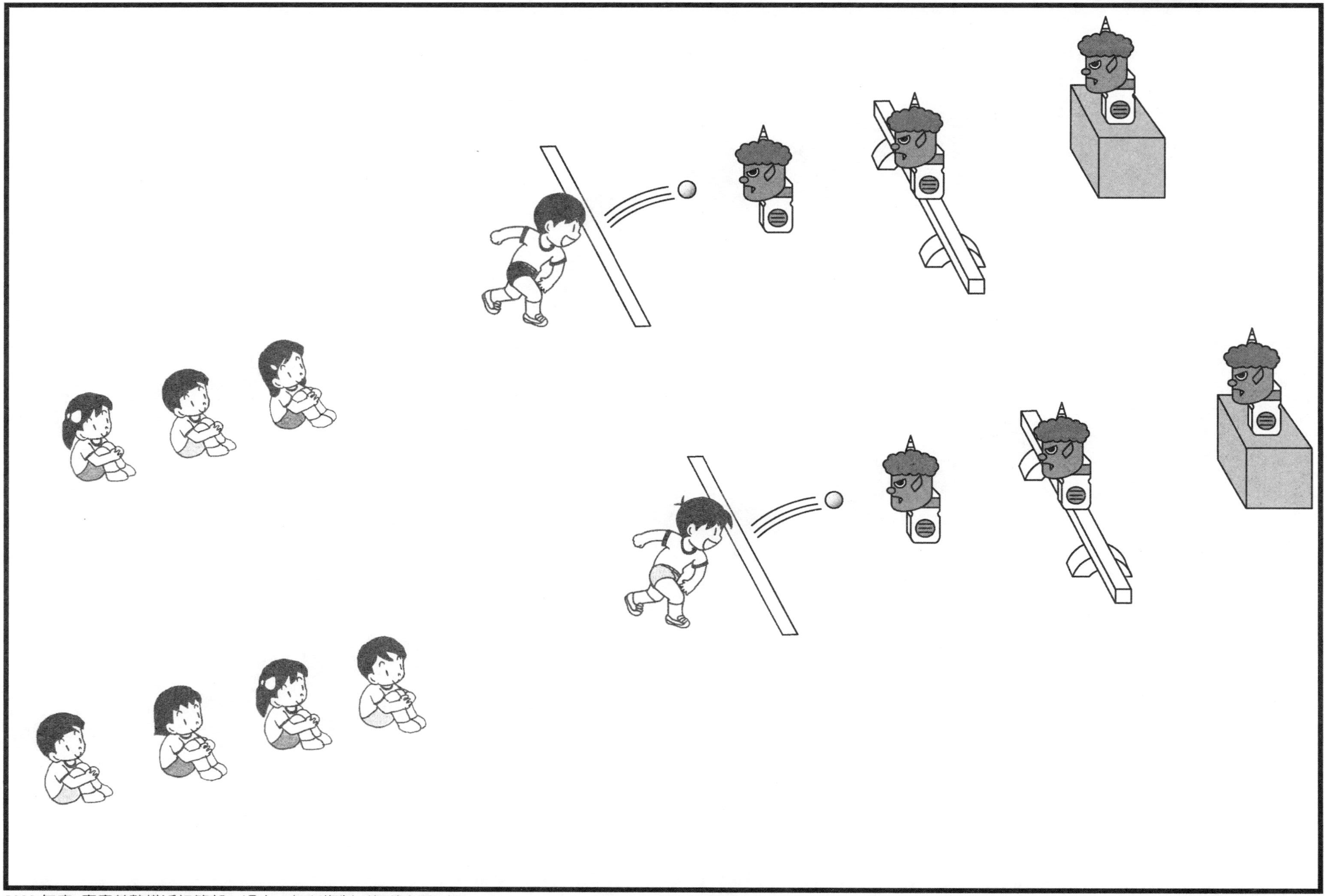

問題２７

①

②

③

④

問題28

①

②

③

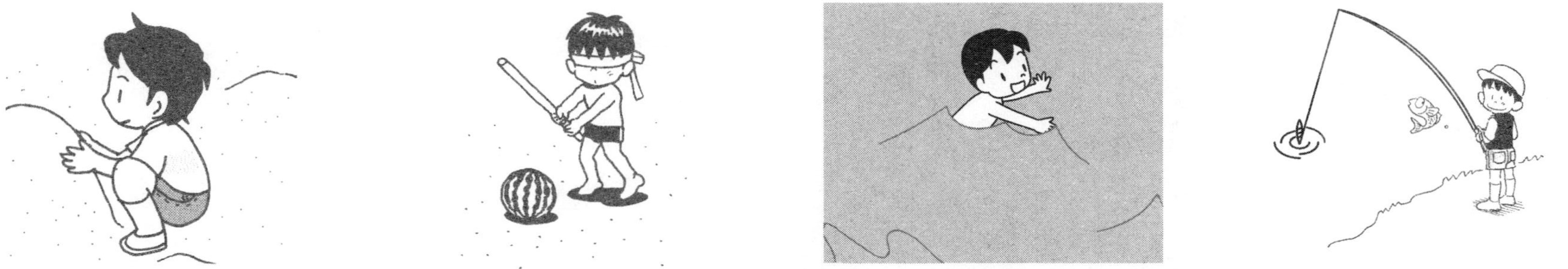

④

問題２９−１

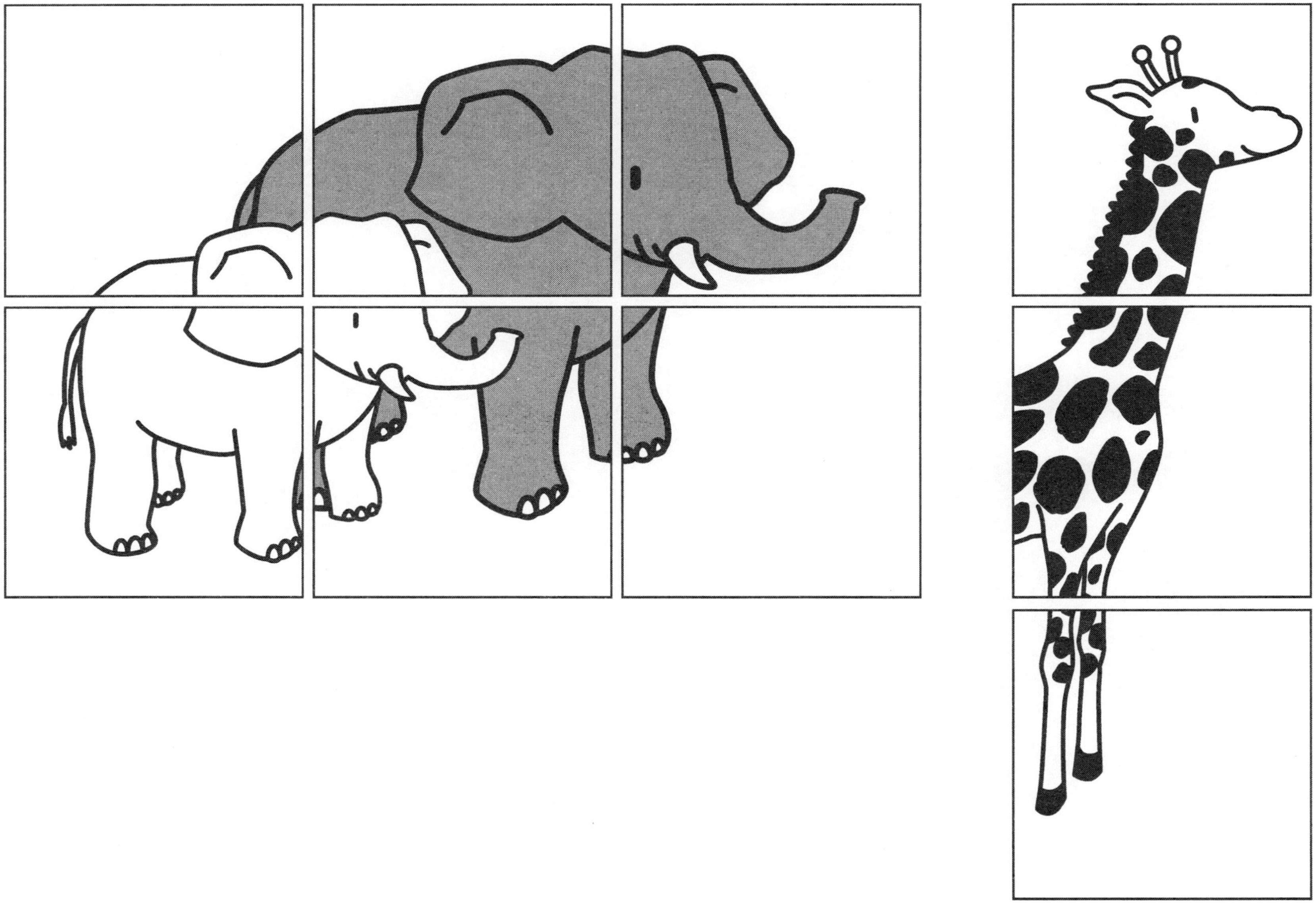

問題29－2

2022年度 慶應義塾横浜初等部 過去 無断複製／転載を禁ずる 日本学習図書株式会社

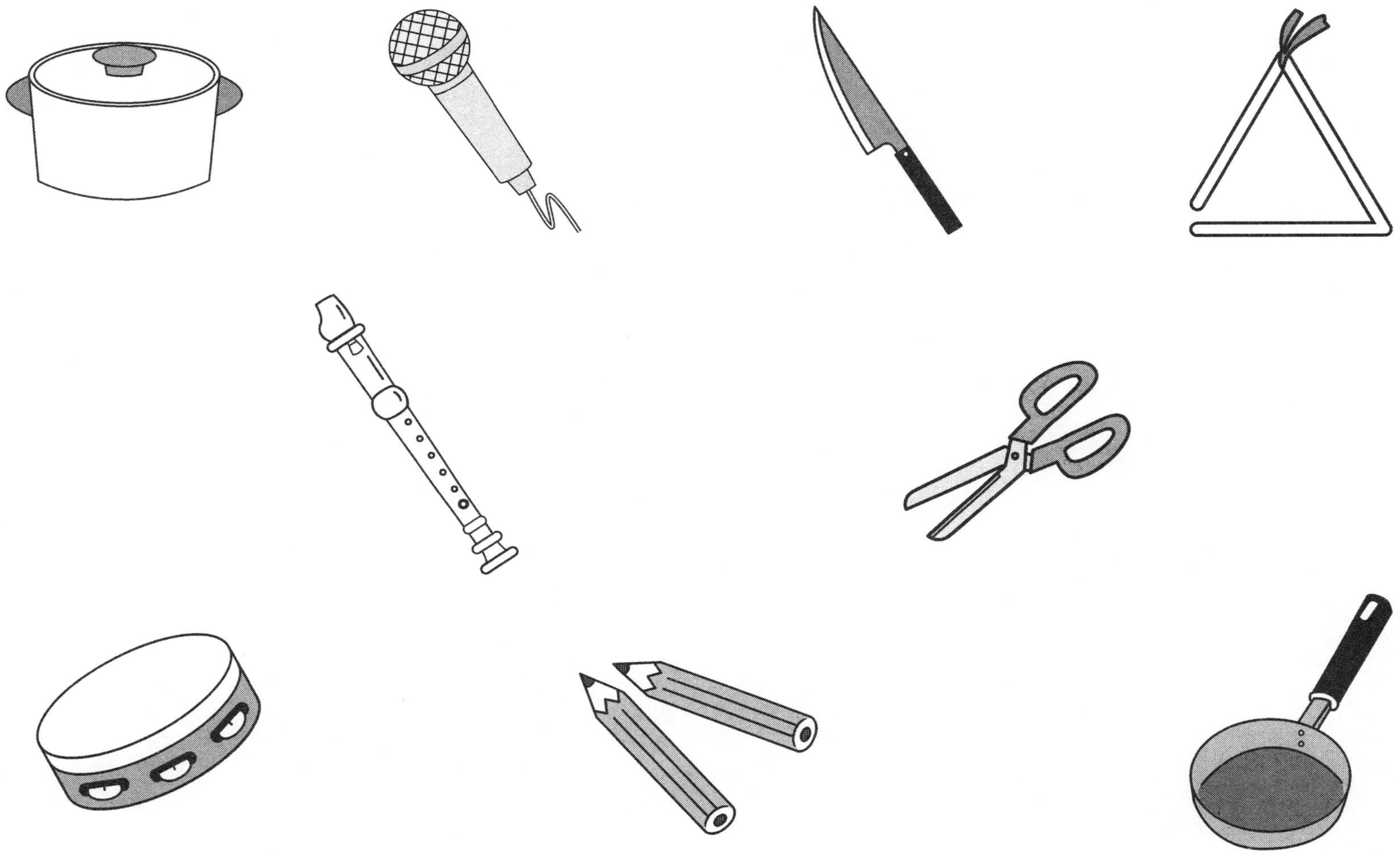

問題30－2

問題3 1－1

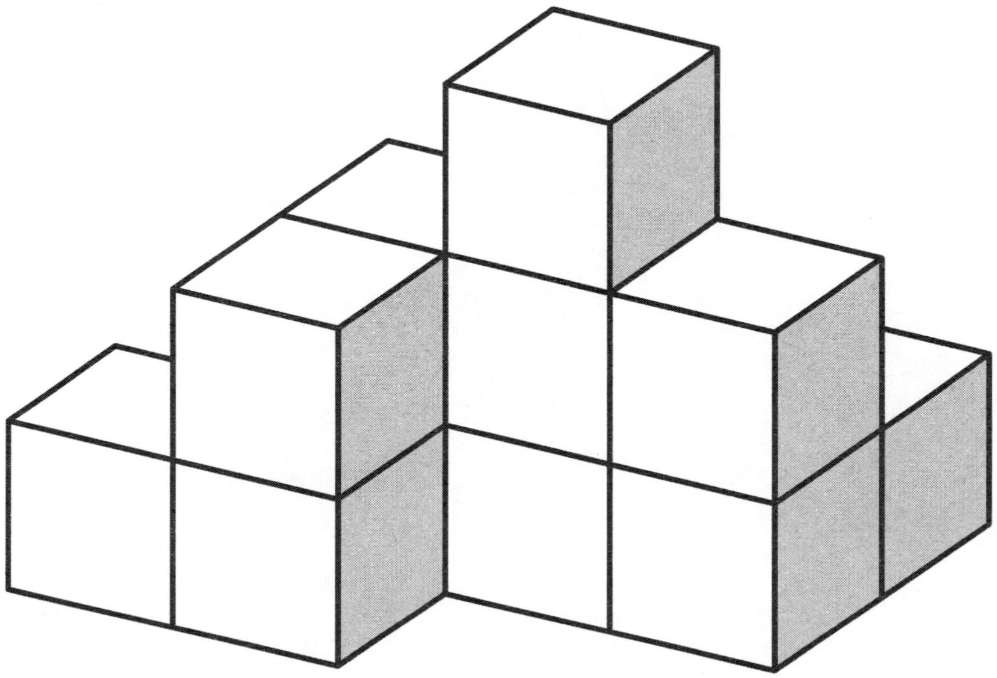

問題3 1－2

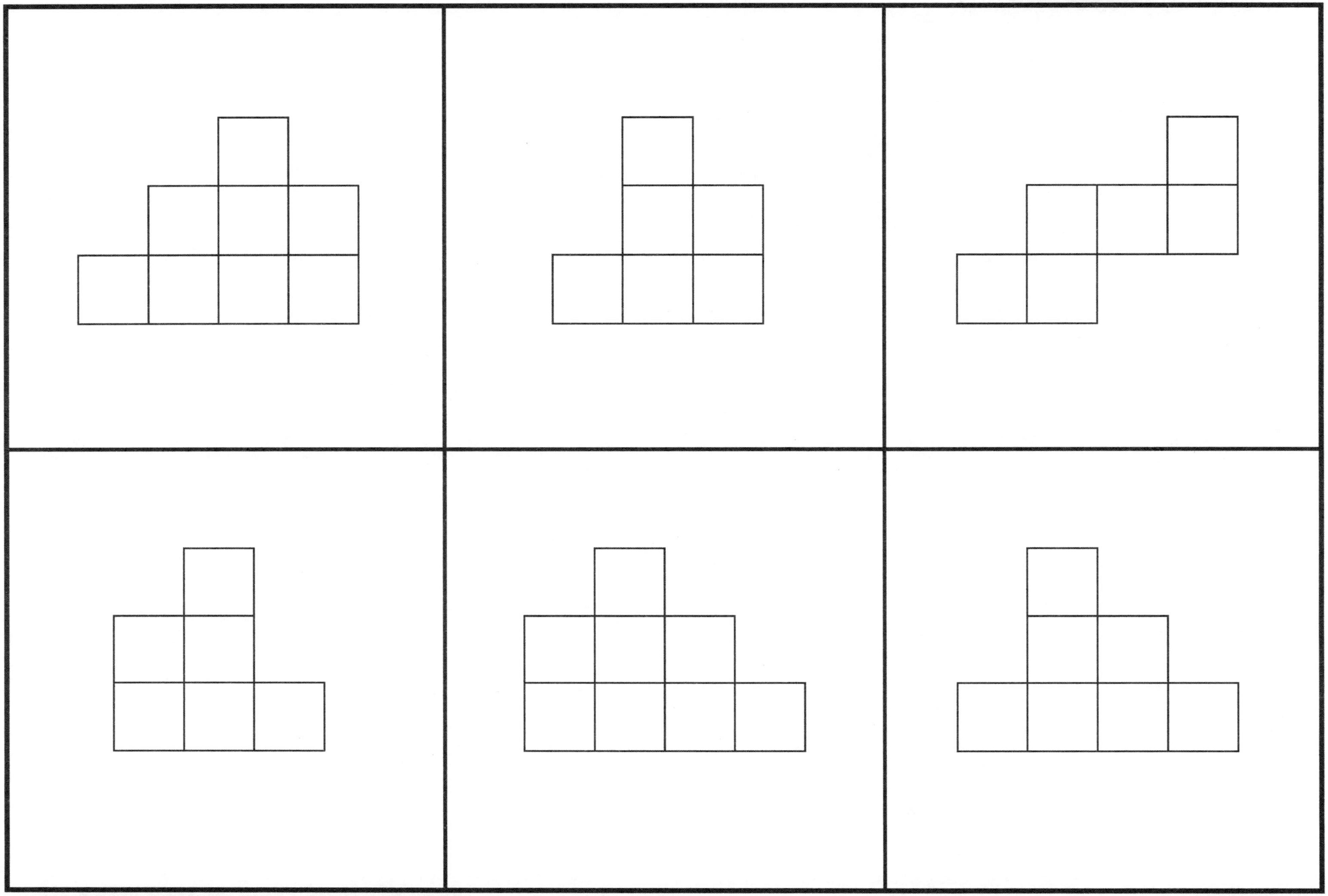

問題３２

①

②

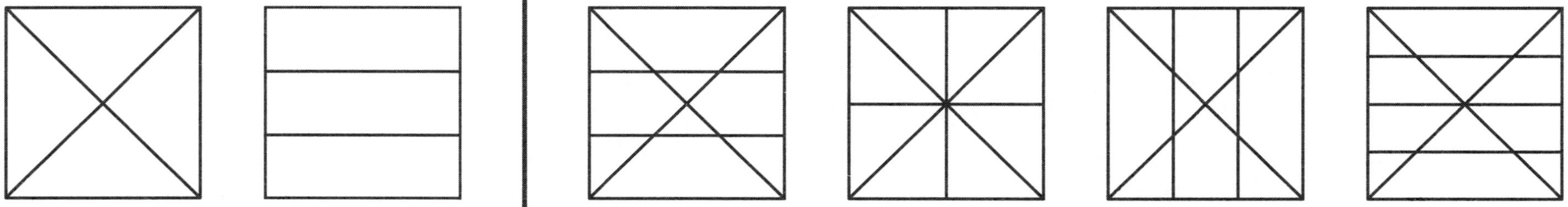

③

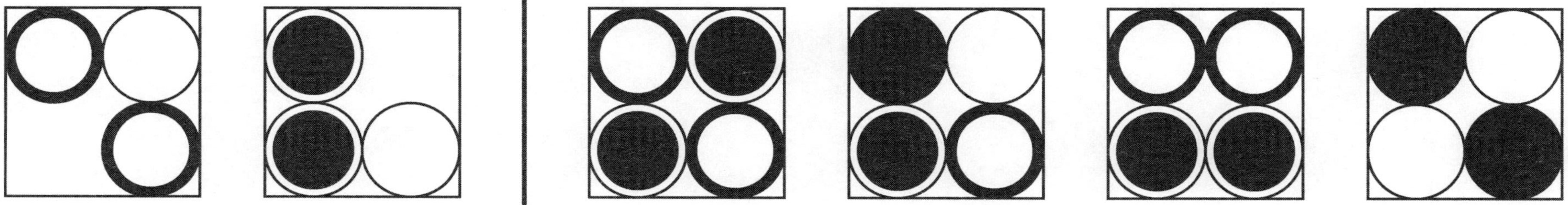

④

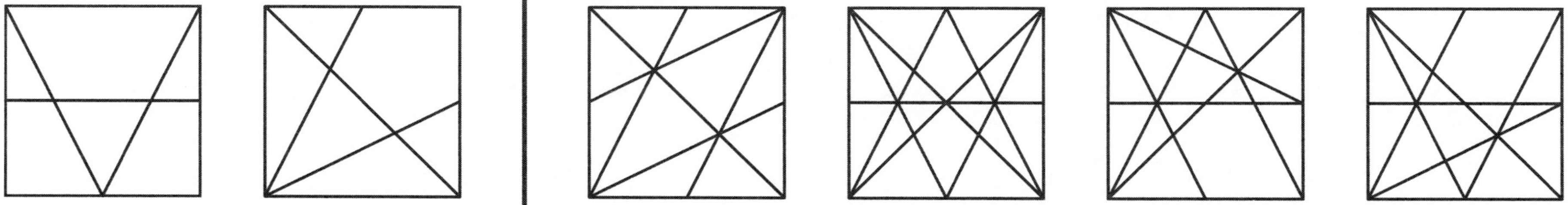

問題３３

問題３４

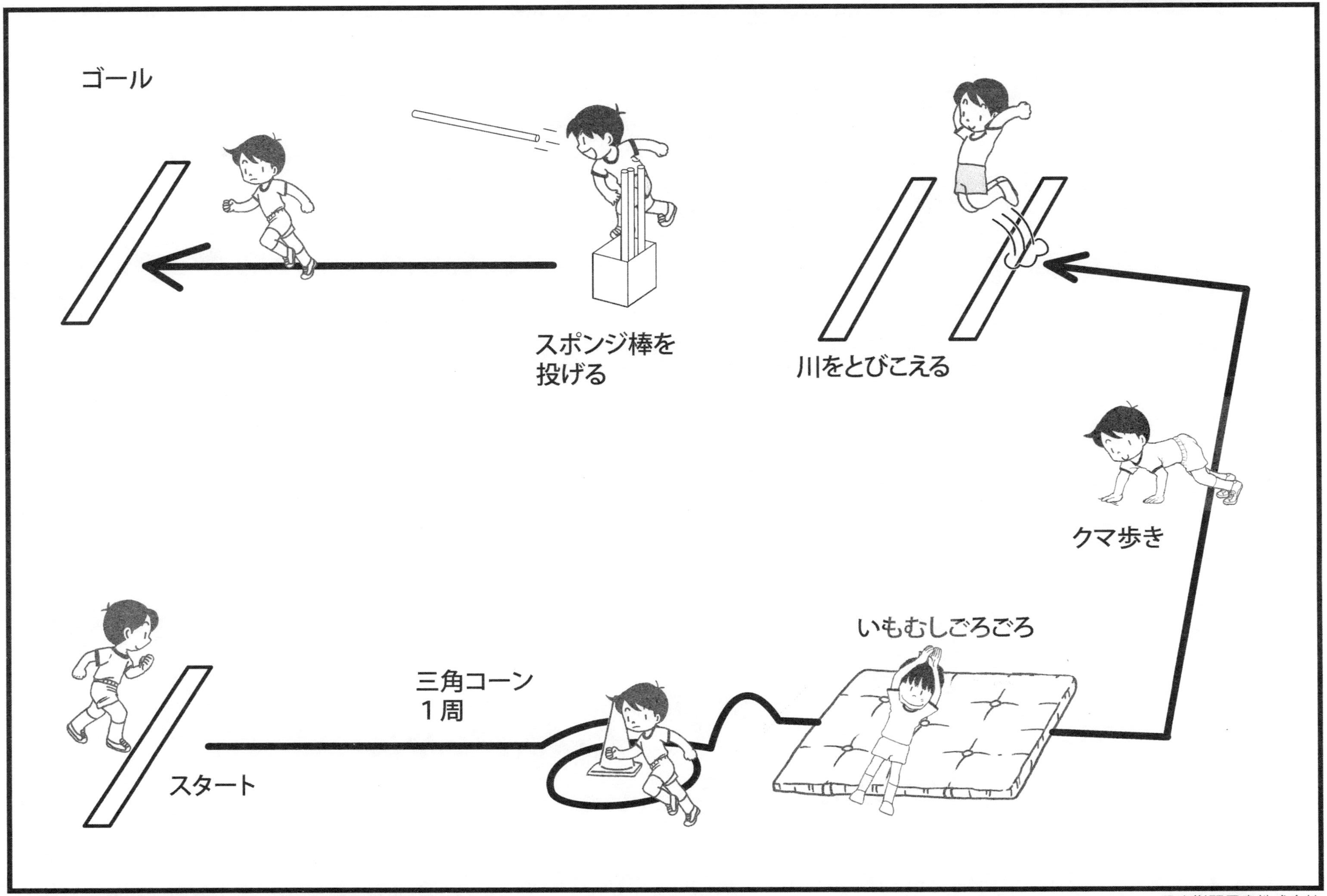

問題３５

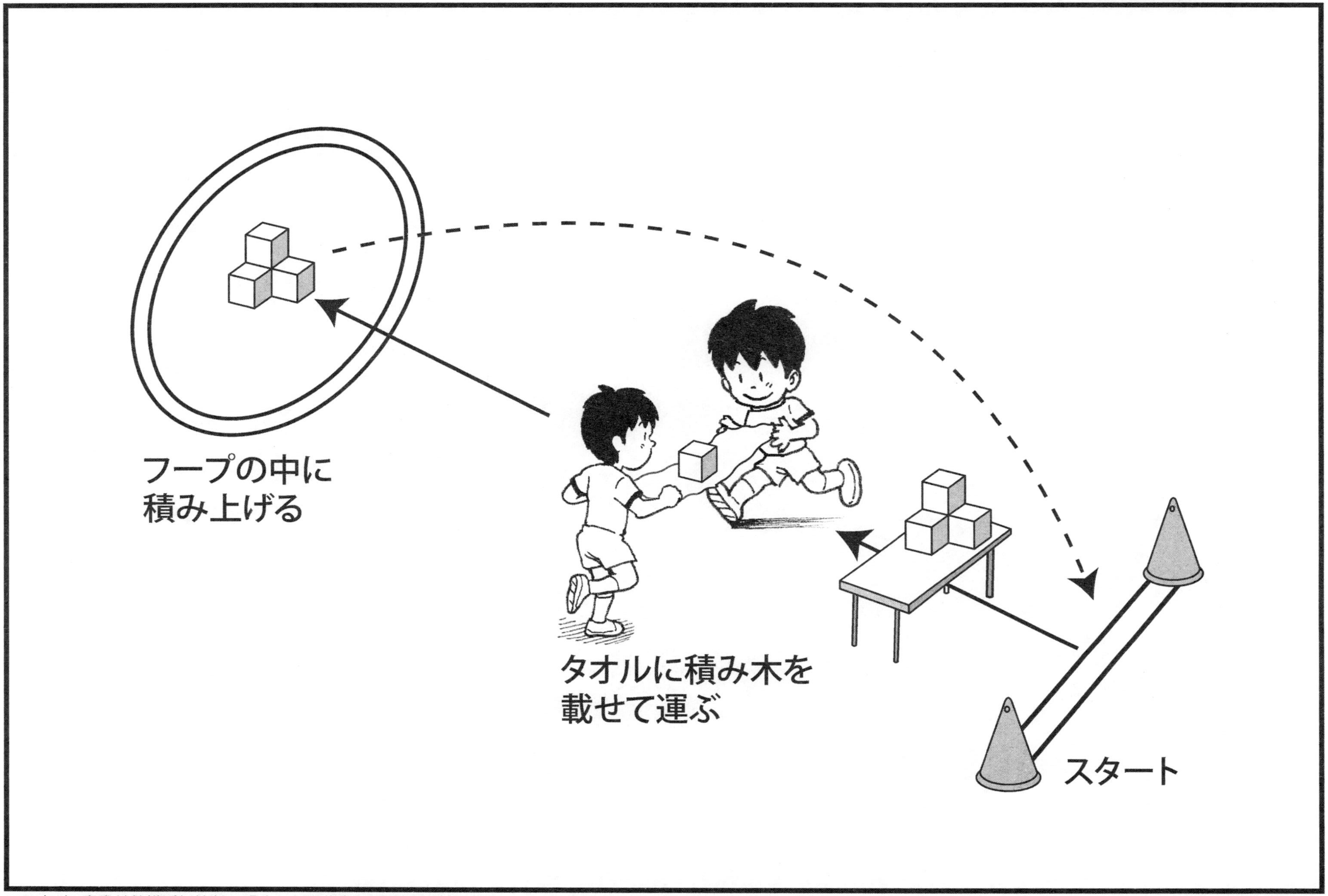
フープの中に
積み上げる
タオルに積み木を
載せて運ぶ
スタート

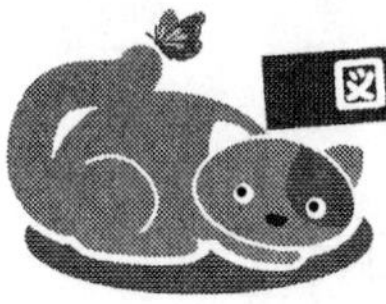

図書カード1000円分プレゼント

ご記入日　令和　　年　　月　　日

☆国・私立小学校受験アンケート☆

※可能な範囲でご記入下さい。選択肢は○で囲んで下さい。

〈小学校名〉＿＿＿＿＿＿＿＿＿＿＿＿＿　〈お子さまの性別〉男・女　〈誕生月〉＿＿月

〈その他の受験校〉（複数回答可）＿＿＿＿＿＿＿＿＿＿＿＿＿＿＿＿＿＿＿＿

〈受験日〉①：＿＿月＿＿日〈時間〉＿＿時＿＿分～＿＿時＿＿分

②：＿＿月＿＿日〈時間〉＿＿時＿＿分～＿＿時＿＿分

〈受験者数〉男女計＿＿名（男子＿＿名　女子＿＿名）

〈お子さまの服装〉＿＿＿＿＿＿＿＿＿＿＿＿＿＿＿＿

〈入試全体の流れ〉（記入例）準備体操→行動観察→ペーパーテスト

＿＿＿＿＿＿＿＿＿＿＿＿＿＿＿＿＿＿＿＿＿＿＿＿

Eメールによる情報提供

日本学習図書では、Eメールでも入試情報を募集しております。

下記のアドレスに、アンケートの内容をご入力の上、メールをお送り下さい。

ojuken@nichigaku.jp

●行動観察　（例）好きなおもちゃで遊ぶ・グループで協力するゲームなど

〈実施日〉＿＿月＿＿日〈時間〉＿＿時＿＿分～＿＿時＿＿分〈着替え〉□有　□無

〈出題方法〉□肉声　□録音　□その他（　　　　　）〈お手本〉□有　□無

〈試験形態〉□個別　□集団（　　　人程度）

〈会場図〉

〈内容〉

□自由遊び

＿＿＿＿＿＿＿＿＿＿＿＿＿＿＿＿

□グループ活動

＿＿＿＿＿＿＿＿＿＿＿＿＿＿＿＿

□その他

＿＿＿＿＿＿＿＿＿＿＿＿＿＿＿＿

●運動テスト（有・無）　（例）跳び箱・チームでの競争など

〈実施日〉＿＿月＿＿日〈時間〉＿＿時＿＿分～＿＿時＿＿分〈着替え〉□有　□無

〈出題方法〉□肉声　□録音　□その他（　　　　　）〈お手本〉□有　□無

〈試験形態〉□個別　□集団（　　　人程度）

〈会場図〉

〈内容〉

□サーキット運動

□走り　□跳び箱　□平均台　□ゴム跳び

□マット運動　□ボール運動　□なわ跳び

□クマ歩き

□グループ活動＿＿＿＿＿＿＿＿＿＿＿＿＿＿＿＿

□その他＿＿＿＿＿＿＿＿＿＿＿＿＿＿＿＿

●知能テスト・口頭試問

〈実施日〉＿＿月＿＿日 〈時間〉＿＿時＿＿分 ～ ＿＿時＿＿分 〈お手本〉□有 □無

〈出題方法〉 □肉声 □録音 □その他（　　　　　　） 〈問題数〉＿＿枚 ＿＿問

分野	方法	内　　容	詳　細・イ　ラ　ス　ト
（例） お話の記憶	☑筆記 □口頭	動物たちが待ち合わせをする話	（あらすじ） 動物たちが待ち合わせをした。最初にウサギさんが来た。次にイヌくんが、その次にネコさんが来た。最後にタヌキくんが来た。 （問題・イラスト） ３番目に来た動物は誰か 
お話の記憶	□筆記 □口頭		（あらすじ） （問題・イラスト）
図形	□筆記 □口頭		
言語	□筆記 □口頭		
常識	□筆記 □口頭		
数量	□筆記 □口頭		
推理	□筆記 □口頭		
その他	□筆記 □口頭		

●制作　（例）ぬり絵・お絵かき・工作遊びなど

〈実施日〉＿＿月＿＿日〈時間〉＿＿時＿＿分＿～＿＿時＿＿分

〈出題方法〉□肉声 □録音 □その他（　　　　　）〈お手本〉□有 □無

〈試験形態〉□個別 □集団（　　　人程度）

材料・道具	制作内容
□ハサミ	□切る □貼る □塗る □ちぎる □結ぶ □描く □その他（　　　　）
□のり（□つぼ □液体 □スティック）	タイトル：＿＿＿＿＿＿＿＿＿＿
□セロハンテープ	
□鉛筆 □クレヨン（　色）	
□クーピーペン（　色）	
□サインペン（　色）□	
□画用紙（□ A4 □ B4 □ A3	
□その他：　　　　　）	
□折り紙 □新聞紙 □粘土	
□その他（　　　　　）	

●面接

〈実施日〉＿＿月＿＿日〈時間〉＿＿時＿＿分＿～＿＿時＿＿分〈面接担当者〉＿＿名

〈試験形態〉□志願者のみ（　　）名 □保護者のみ □親子同時 □親子別々

〈質問内容〉

※試験会場の様子をご記入下さい。

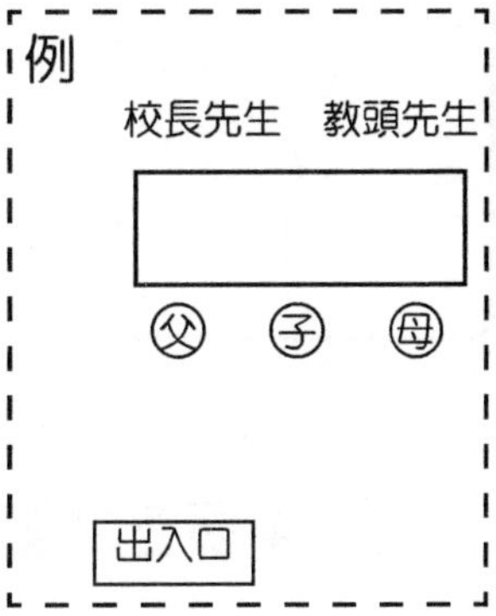

□志望動機　□お子さまの様子

□家庭の教育方針

□志望校についての知識・理解

□その他（　　　　　　　　　　　）

（詳　細）

・

・

・

・

●保護者作文・アンケートの提出（有・無）

〈提出日〉□面接直前 □出願時 □志願者考査中 □その他（　　　　　）

〈下書き〉□有 □無

〈アンケート内容〉

（記入例）当校を志望した理由はなんですか（150 字）

●**説明会（□有　□無）**〈開催日〉　月　日〈時間〉　時　分　～　時　分

〈上履き〉□要　□不要　〈願書配布〉□有　□無　〈校舎見学〉□有　□無

〈ご感想〉

●**参加された学校行事**（複数回答可）

公開授業〈開催日〉　月　日〈時間〉　時　分　～　時　分

運動会など〈開催日〉　月　日〈時間〉　時　分　～　時　分

学習発表会・音楽会など〈開催日〉　月　日〈時間〉　時　分　～　時　分

〈ご感想〉

※是非参加したほうがよいと感じた行事について

●**受験を終えてのご感想、今後受験される方へのアドバイス**

※対策学習（重点的に学習しておいた方がよい分野）、当日準備しておいたほうがよい物など

＊＊＊＊＊＊＊＊＊＊＊＊　ご記入ありがとうございました　＊＊＊＊＊＊＊＊＊＊＊＊

必要事項をご記入の上、ポストにご投函ください。

なお、本アンケートの送付期限は入試終了後３ヶ月とさせていただきます。また、入試に関する情報の記入量が当社の基準に満たない場合、謝礼の送付ができないことがございます。あらかじめご了承ください。

ご住所：〒

お名前：　　　　メール：

ＴＥＬ：　　　　ＦＡＸ：

アンケートのご記入
ありがとうございました

ご記入頂いた個人に関する情報は、当社にて厳重に管理致します。弊社の個人情報取り扱いに関する詳細は、www.nichigaku.jp/policy.php の「個人情報の取り扱い」をご覧下さい。

分野別 小学入試練習帳 ジュニアウォッチャー

1．点・線図形	小学校入試で出題頻度の高い『点・線図形』の模写を、難易度の低いものから段階別に幅広く練習することができるように構成。
2．座標	図形の位置模写という作業を、難易度の低いものから段階別に練習できるように構成。
3．パズル	様々なパズルの問題を難易度の低いものから段階別に練習できるように構成。
4．同図形探し	小学校入試で出題頻度の高い、同図形選びの問題を繰り返し練習できるように構成。
5．回転・展開	図形などを回転、または展開したとき、形がどのように変化するかを学習し、理解を深められるように構成。
6．系列	数、図形などの様々な系列問題を、難易度の低いものから段階別に練習できるように構成。
7．迷路	迷路の問題を繰り返し練習できるように構成。
8．対称	対称に関する問題を４つのテーマに分類し、各テーマごとに問題を段階別に練習できるように構成。
9．合成	図形の合成に関する問題を、難易度の低いものから段階別に練習できるように構成。
10．四方からの観察	もの（立体）を様々な角度から見て、どのように見えるかを推理する問題を段階別に整理し、１つの形式で複数の問題を練習できるように構成。
11．いろいろな仲間	ものや動物、植物の共通点を見つけ、分類していく問題を中心に構成。
12．日常生活	日常生活における様々な問題を６つのテーマに分類し、各テーマごとに一つの問題形式で複数の問題を練習できるように構成。
13．時間の流れ	『時間』に着目し、様々なものごとは、時間が経過するとどのように変化するのかということを学習し、理解できるように構成。
14．数える	様々なものを『数える』ことから、数の多少の判定やかけ算、わり算の基礎までを練習できるように構成。
15．比較	比較に関する問題を５つのテーマ（数、高さ、長さ、量、重さ）に分類し、各テーマごとに問題を段階別に練習できるように構成。
16．積み木	数える対象を積み木に限定した問題集。
17．言葉の音遊び	言葉の音に関する問題を５つのテーマに分類し、各テーマごとに問題を段階別に練習できるように構成。
18．いろいろな言葉	表現力をより豊かにするいろいろな言葉として、擬態語や擬声語、同音異義語、反意語、数詞を取り上げた問題集。
19．お話の記憶	お話を聴いてその内容を記憶、理解し、設問に答える形式の問題集。
20．見る記憶・聴く記憶	「見て憶える」「聴いて憶える」という『記憶』分野に特化した問題集。
21．お話作り	いくつかの絵を元にしてお話を作る練習をして、想像力を養うことができるように構成。
22．想像画	描かれてある形や景色に好きな絵を描くことにより、想像力を養うことができるように構成。
23．切る・貼る・塗る	小学校入試で出題頻度の高い、はさみやのりなどを用いた巧緻性の問題を繰り返し練習できるように構成。
24・絵画	小学校入試で出題頻度の高い、お絵かきやぬり絵などクレヨンやクーピーペンを用いた巧緻性の問題を繰り返し練習できるように構成。
25．生活巧緻性	小学校入試で出題頻度の高い日常生活の様々な場面における巧緻性の問題集。
26．文字・数字	ひらがなの清音、濁音、拗音、拗長音、促音と１～20までの数字に焦点を絞り、練習できるように構成。
27．理科	小学校入試で出題頻度が高くなりつつある理科の問題を集めた問題集。
28．運動	出題頻度の高い運動問題を種目別に分けて構成。
29．行動観察	項目ごとに問題提起をし、「このような時はどうか、あるいはどう対処するのか」の観点から問いかける形式の問題集。
30．生活習慣	学校から家庭に提起された問題と思って、一問一問絵を見ながら話し合い、考える形式の問題集。

31．推理思考	数、量、言語、常識（含理科、一般）など、諸々のジャンルから問題を構成し、近年の小学校入試問題傾向に沿って構成。
32．ブラックボックス	箱や筒の中を通ると、どのようなお約束でどのように変化するかを推理・思考する問題集。
33．シーソー	重さの違うものをシーソーに乗せた時どちらに傾くのか、またどうすればシーソーは釣り合うのかを思考する基礎的な問題集。
34．季節	様々な行事や植物などを季節別に分類できるように知識をつける問題集。
35．重ね図形	小学校入試で頻繁に出題されている「図形を重ね合わせてできる形」についての問題を集めました。
36．同数発見	様々な物を数え「同じ数」を発見し、数の多少の判断や数の認識の基礎を学べるように構成した問題集。
37．選んで数える	数の学習の基本となる、いろいろなものの数を正しく数える学習を行う問題集。
38．たし算・ひき算１	数字を使わず、たし算とひき算の基礎を身につけるための問題集。
39．たし算・ひき算２	数字を使わず、たし算とひき算の基礎を身につけるための問題集。
40．数を分ける	数を等しく分ける問題です。等しく分けたときに余りが出るものもあります。
41．数の構成	ある数がどのような数で構成されているか学んでいきます。
42．一対多の対応	一対一の対応から、一対多の対応まで、かけ算の考え方の基礎学習を行います。
43．数のやりとり	あげたり、もらったり、数の変化をしっかりと学びます。
44．見えない数	指定された条件から数を導き出します。
45．図形分割	図形の分割に関する問題集。パズルや合成の分野にも通じる様々な問題を集めました。
46．回転図形	「回転図形」に関する問題集。やさしい問題から始め、いくつかの代表的なパターンから、段階を踏んで学習できるよう編集されています。
47．座標の移動	「マス目の指示通りに移動する問題」と「指示された数だけ移動する問題」を収録。
48．鏡図形	鏡で左右反転させた時の見え方を考えます。平面図形から立体図形、文字、絵まで。
49．しりとり	すべての学習の基礎となる「言葉」を学ぶこと、特に「語彙」を増やすことに重点をおき、さまざまなタイプの「しりとり」問題を集めました。
50．観覧車	観覧車やメリーゴーラウンドなどを舞台にした「回転系列」の問題集。「推理思考」分野の問題ですが、要素として「図形」や「数量」も含みます。
51．運筆①	鉛筆の持ち方を学び、点線なぞり、お手本を見ながらの模写で、線を引く練習をします。
52．運筆②	運筆①からさらに発展し、「欠所補完」や「迷路」などを楽しみながら、より複雑な鉛筆運びを習得することを目指します。
53．四方からの観察 積み木編	積み木を使用した「四方からの観察」に関する問題を練習できるように構成。
54．図形の構成	見本の図形がどのような部分によって形づくられているかを考えます。
55．理科②	理科的知識に関する問題を集中して練習する「常識」分野の問題集。
56．マナーとルール	道路や駅、公共の場でのマナー、安全や衛生に関する常識を学べるように構成。
57．置き換え	さまざまな具体的・抽象的事象を記号で表す「置き換え」の問題を扱います。
58．比較②	長さ・高さ・体積・数などを数学的な知識を使わず、論理的に推測する「比較」の問題を練習できるように構成。
59．欠所補完	線と線のつながり、欠けた絵に当てはまるものなどを求める「欠所補完」に取り組める問題集です。
60．言葉の音（おん）	しりとり、決まった順番の音をつなげるなど、「言葉の音」に関する問題に取り組める練習問題集です。

◆◆ニチガクのおすすめ問題集◆◆

より充実した家庭学習を目指し、ニチガクではさまざまな問題集をとりそろえております!!

サクセスウォッチャーズ（全18巻）

①～⑱
本体各￥2,200＋税

全9分野を「基礎必修編」「実力アップ編」の2巻でカバーした、合計18冊。

各巻80問と豊富な問題数に加え、他の問題集では掲載していない詳しいアドバイスが、お子さまを指導する際に役立ちます。

各ページが、すぐに使えるミシン目付き。本番を意識したドリルワークが可能です。

ジュニアウォッチャー（既刊60巻）

①～⑥⓪（以下続刊）
本体各￥1,500＋税

入試出題頻度の高い9分野を、さらに60の項目にまで細分化。基礎学習に最適のシリーズ。

苦手分野におけるつまずきを、効率よく克服するための60冊です。

ポイントが絞られているため、無駄なく高い効果を得られます。

国立・私立NEWウォッチャーズ

言語／理科／図形／記憶
常識／数量／推理
本体各￥2,000＋税

シリーズ累計発行部数40万部以上を誇る大ベストセラー「ウォッチャーズシリーズ」の趣旨を引き継ぐ新シリーズ!!

実際に出題された過去問の「類題」を32問掲載。全問に「解答のポイント」付きだから家庭学習に最適です。「ミシン目」付き切り離し可能なプリント学習タイプ！

実践ゆびさきトレーニング①・②・③

本体各￥2,500＋税

制作問題に特化した一冊。有名校が実際に出題した類似問題を35問掲載。

様々な道具の扱い（はさみ・のり・セロハンテープの使い方）から、手先・指先の訓練（ちぎる・貼る・塗る・切る・結ぶ）、また、表現することの楽しさも経験できる問題集です。

お話の記憶・読み聞かせ

［お話の記憶問題集］
中級／上級編
本体各￥2,000＋税

初級／過去類似編／ベスト30
本体各￥2,600＋税

1話5分の読み聞かせお話集①・②、入試実践編①
本体各￥1,800＋税

あらゆる学習に不可欠な、語彙力・集中力・記憶力・理解力・想像力を養うと言われているのが「お話の記憶」分野の問題。問題集は全問アドバイス付き。

分野別 苦手克服シリーズ（全6巻）

図形／数量／言語／
常識／記憶／推理
本体各￥2,000＋税

数量・図形・言語・常識・記憶の6分野。アンケートに基づいて、多くのお子さまがつまづきやすい苦手問題を、それぞれ40問掲載しました。

全問アドバイス付きですので、ご家庭において、そのつまづきを解消するためのプロセスも理解できます。

運動テスト・ノンペーパーテスト問題集

新 運動テスト問題集
本体￥2,200＋税

新 ノンペーパーテスト問題集
本体￥2,600＋税

ノンペーパーテストは国立・私立小学校で幅広く出題される、筆記用具を使用しない分野の問題を全40問掲載。

運動テスト問題集は運動分野に特化した問題集です。指示の理解や、ルールを守る訓練など、ポイントを押さえた学習に最適。全35問掲載。

口頭試問・面接テスト問題集

新 口頭試問・個別テスト問題集
本体￥2,500＋税

面接テスト問題集
本体￥2,000＋税

口頭試問は、主に個別テストとして口頭で出題解答を行うテスト形式。面接は、主に「考え」やふだんの「あり方」をたずねられるものです。

口頭で答える点は同じですが、内容は大きく異なります。想定する質問内容や答え方の幅を広げるために、どちらも手にとっていただきたい問題集です。

小学校受験 厳選難問集 ①・②

本体各￥2,600＋税

実際に出題された入試問題の中から、難易度の高い問題をピックアップし、アレンジした問題集。応用問題への挑戦は、基礎の理解度を測るだけでなく、お子さまの達成感・知的好奇心を触発します。

①は数量・図形・推理・言語、②は位置・常識・比較・記憶分野の難問を掲載。それぞれ40問。

国立小学校　対策問題集

国立小学校入試問題A・B・C（全3巻）本体各￥3,282＋税

新 国立小学校直前集中講座
本体￥3,000＋税

国立小学校頻出の問題を厳選。細かな指導方法やアドバイスが掲載してあり、効率的な学習が進められます。「総集編」は難易度別にA～Cの3冊。付録のレーダーチャートにより得意・不得意を認識でき、国立小学校受験対策に最適です。入試直前の対策には「新 直前集中講座」！

おうちでチャレンジ ①・②

本体各￥1,800＋税

関西最大級の模擬試験である小学校受験標準テストのペーパー問題を編集した実力養成に最適な問題集。延べ受験者数10,000人以上のデータを分析しお子さまの習熟度・到達度を一目で判別。

保護者必読の特別アドバイス収録！

Q＆Aシリーズ

『小学校受験で知っておくべき125のこと』
『小学校受験に関する 保護者の悩みQ＆A』
『新 小学校受験の入試面接Q＆A』
『新 小学校受験 願書・アンケート文例集500』
本体各￥2,600＋税
『小学校受験のための
願書の書き方から面接まで』
本体￥2,500＋税

「知りたい！」「聞きたい！」「こんな時どうすれば…？」そんな疑問や悩みにお答えする、オススメの人気シリーズです。

書籍についてのご注文・お問い合わせ
☎ 03-5261-8951

http://www.nichigaku.jp
※ご注文方法、書籍についての詳細は、Webサイトをご覧ください。

日本学習図書　検索

家庭学習をトータルサポート！ ニチガクのオリジナル 効果的 学習法

1 まずは アドバイスページを読む！

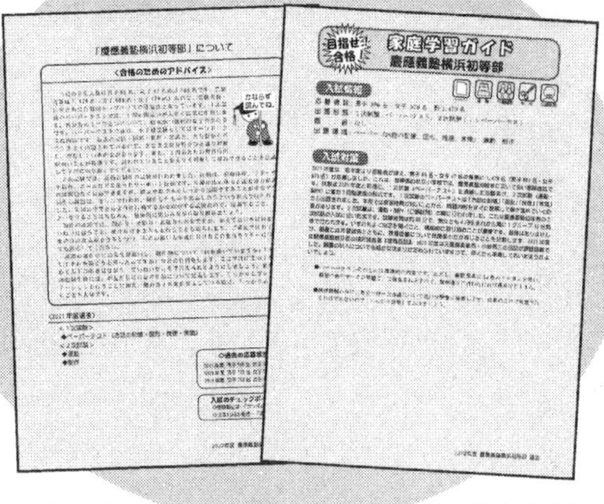

対策や試験ポイントがぎっしりつまった「家庭学習ガイド」。分析内容やレーダーチャート、分野アイコンで、試験の傾向をおさえよう！

ピンク色です

2 問題を全て読み、出題傾向を把握する

3 「学習のポイント」で学校側の観点や問題の解説を熟読

4 初めて過去問題にチャレンジ！

5 プラスα 対策問題集や類題で力を付ける

過去問のこだわり

最新問題は問題ページ、イラストページ、解答・解説ページが独立しており、お子さまにすぐに取り掛かっていただける作りになっています。
ニチガクの学校別問題集ならではの、学習法を含めたアドバイスを利用して効率のよい家庭学習を進めてください。

各問題のジャンル

問題2　分野：記憶（お話の記憶）

〈解 答〉 ①左から２番目（ブタ）　②左から２番目（クラゲ）
③◇　④□：右から２番目（マンボウ）　×：左から２番目（イルカ）

この問題では、いくつも読み上げられる動物や海の生き物を、頭の中で整理して聞き取らなければなりません。複数のものが列挙される際には、あらかじめ「みんな」「○人の」や「たくさん」などの言葉が、あらかじめ置かれていることが多くあります。お子さまには「みんな」「たくさん」などの言葉には注意することを教えてあげてください。読み聞かせの際にも、これらの言葉に注意して「みんなって、だれだろう？」「たくさんって、どれだけだろう？」などの問いかけをしてください。また、質問される順番もお話の流れ通りではないので、お話全体をとらえる視点も必要になってきます。読み聞かせの後で、お子さまといっしょに、お話全体を振り返ってみるとよいでしょう。

【おすすめ問題集】
1話5分の読み聞かせお話集①・②、お話の記憶初級編・中級編、
Ｊｒ・ウォッチャー19「お話の記憶」

学習のポイント

各問題の解説や学校の観点、指導のポイントなどを教えます。
今日から保護者の方も家庭学習の先生に！

おすすめ対策問題集

分野ごとに対策問題集をご紹介。苦手分野の克服に最適です！
＊専用注文書付き。

2022年度版　慶應義塾横浜初等部 過去問題集

発行日　2021年３月15日
発行所　〒162-0821 東京都新宿区津久戸町 3-11-9F
日本学習図書株式会社
電　話　03-5261-8951 ㈹

ISBN978-4-7761-5358-0
C6037 ¥2000E
定価 2,200円
（本体2,000円＋税10％）
9784776153580
1926037020004

詳細は http://www.nichigaku.jp　日本学習図書　検索